稻濟天下

王魯湘敬書

稻济天下

——袁隆平鲜为人知的故事

毛昌祥　著

青岛出版集团｜青岛出版社

图书在版编目（CIP）数据

稻济天下：袁隆平鲜为人知的故事 / 毛昌祥著 . —青岛：青岛出版社，2021.7
ISBN 978-7-5552-9836-6

Ⅰ.①稻… Ⅱ.①毛… Ⅲ.①袁隆平（1930–2021）—传记 Ⅳ.① K826.3

中国版本图书馆 CIP 数据核字（2021）第 095768 号

书　　名	稻济天下——袁隆平鲜为人知的故事
著　　者	毛昌祥
出版发行	青岛出版社
社　　址	青岛市海尔路 182 号（266061）
本社网址	http://www.qdpub.com
邮购电话	0532-68068091
策划编辑	申　尧
责任编辑	董建国　申　尧　李文艳
书籍设计	乔　峰
照　　排	青岛新华出版照排有限公司
印　　刷	青岛乐喜力科技发展有限公司
出版日期	2021 年 7 月第 1 版　2022 年 10 月第 5 次印刷
开　　本	16 开（710mm×1000mm）
印　　张	12.25
插　　页	36
字　　数	200 千
书　　号	ISBN 978-7-5552-9836-6
定　　价	38.00 元

编校印装质量、盗版监督服务电话　　4006532017　0532-68068050

序

我于2016年4月底5月初从作者那里得到这本书的初稿,看了之后,颇为感慨,往事如烟,历历在目。多亏作者有心,将许多珍贵的资料完好地保存下来,写成故事,使人们能够回眸杂交水稻发展历史中的一些重要事件的经过和结果。

在杂交水稻研发上,我只是起了个头和牵了个头。杂交水稻研发能有今天的辉煌,靠的还是全国千千万万同行前赴后继的努力,国家和人民的大力支持。杂交水稻的发展历程,也正好处在我们国家改革开放、民族振兴、国家逐步强大的伟大历史时期。

这本书翔实地记录了从20世纪80年代初至今,也就是我国杂交水稻研究获得成功、开始大面积应用于生产,到逐步走向世界、造福世界人民30多年时间里发生的一些事。时间、地点、人物和故事实实在在,朴实无华。

在我身边工作过的许多人都是我的得力助手,都是杂交水稻事业的奉献者,当然也包括本书作者毛昌祥。我们初识时,我才50岁出头,他也就30多岁。当年的小伙子,现在也是"古稀"之年了。

让这本书作为我们之间"忘年之交"情谊的见证吧!

前言

光阴似箭，日月如梭，一晃我已经74岁啦。如果您问我，我这一辈子最幸运的事是什么？那就是认识了袁隆平。不仅认识了他，还佐助了他一段时间。他比我大十七八岁，我们的忘年之交一直持续到今天。

袁隆平喜欢下象棋。我虽很少看他下象棋，但是我从认识他开始，已经花了40多年的时间，一直在看他下人生和事业这盘棋。袁隆平下这盘棋，深谋远虑，聪明睿智，胜算、高招、妙棋不少，许多着棋真的是叫人赞不绝口！

但是，他这盘棋下得也非常不容易，也出现过失误和败势，可他从不悔棋，也不言败。在转危为安、转败为胜的时候，他变得更加谨慎和自信。

袁隆平是我仰视的人，在我心目中，他不是神，而是一个实实在在、杰出伟大的人。

他立足于中国的土地，视野是全球。他的目标是"发展杂交水稻，造福世界人民"。他的足迹虽遍布全世界，但还是最忠于祖国母亲！

他乐于帮助那些需要帮助的人，不论是谁；他自己一生节俭，舍不得花钱，但是他慷慨大方，为慈善事业捐了巨款；他对亲友、对同事、对学生、对晚辈充满爱。他最爱的还是家人，特别是母亲！他大爱无疆，得到的是大家对他的爱戴和敬重。

他是一个乐观开朗的人，悟性好，灵感多，多才多艺。他有时大智若愚，会使你怀疑他是不是袁隆平；他相信运气，但一直在努力拼搏；他坚持锻炼身体和大脑，虽小病不少，但大病全无。对外，他总是让人看到春风满面、身轻如燕的样子。现在已经90多岁的他，还在为祖国、为杂交水稻研发事业继续奉献。

朋友，请您打开这本书，我和袁先生之间的情谊和故事，尽在其中。

毛昌祥

2021年5月8日

（编者注：2021年5月22日13时7分，袁隆平先生于长沙逝世。）

目录

序 …………………………………………… 01

前言 ………………………………………… 03

开宗明义篇 ……………………………… 01

袁隆平与您交朋友 ………………………… 02

我来替袁隆平回答问题 …………………… 05

袁隆平看过了书稿 ………………………… 08

"我要那么多钱做什么" …………………… 11

相识相知篇 ……………………………… 15

第一次"听到"袁隆平 …………………… 16

初次与袁隆平打交道 ……………………… 18

袁隆平的"说不清" ……………………… 21

"旺夫奖" …………………………………… 24

国际水稻研究所的常客 …………………… 28

戒烟请找袁隆平 …………………………… 31

袁隆平与麻将 ……………………………… 34

袁隆平的接班人 ····· 36
健谈的袁隆平 ····· 38

共同奋斗篇 ····· 45

湘浙之争，各有建树 ····· 46
建"军"之初 ····· 50
袁隆平的"八大金刚" ····· 56
"精怪王" ····· 60
袁隆平的秘书们 ····· 63
德国鼻子 ····· 66
杂志问世 ····· 68
国家工程中心的成立 ····· 73
"隆平高科"的"胚胎" ····· 76
第一次国际会议 ····· 79

理解万岁篇 ····· 85

袁隆平也有遗憾 ····· 86
袁氏大家庭 ····· 89
"寡人无疾也无恙" ····· 92
便宜也是货 ····· 98
"司令"讲课 ····· 101
敬重媒体人 ····· 105
战备钱 ····· 108

国外共事篇 ·················· 113

印度生活体验 ·················· 114

在印度的艰辛旅程 ·················· 120

在缅甸的那些事 ·················· 126

相遇孟加拉国 ·················· 134

以色列之旅 ·················· 137

敬仰恩师篇 ·················· 141

当代伯乐袁隆平 ·················· 142

袁隆平题字 ·················· 146

"世界粮食奖" ·················· 150

"袁隆平农业科技奖" ·················· 154

恩重如山 ·················· 158

中外院士访问广西 ·················· 161

杂交水稻走向世界的历程 ·················· 164

后记 ·················· 171

袁隆平生平大事记 ·················· 173

开宗明义篇

○●○

袁隆平与您交朋友
我来替袁隆平回答问题
袁隆平看过了书稿
「我要那么多钱做什么」

袁隆平与您交朋友

亲爱的读者，欢迎您读这本书，知道您想了解袁隆平此人，先不要急，袁隆平要先和您交个朋友，可以吗？

您要读懂这本书，先要了解一些有关袁隆平的知识。当您的头脑里有了袁隆平脑子里装着的那些常识时，您读这本书就更顺畅了。

袁隆平，汉族，中国工程院院士，2019年获得国家最高荣誉"共和国勋章"，无党派人士，夫人邓则（"邓哲"也没错）。袁隆平夫妇有三个儿子，分别是袁定安、袁定江、袁定阳，都在从事杂交水稻研究。

"无党派"是政协里面除了民主党派之外的一个界别。袁隆平曾经告诉我，他曾是全国政协常委中"无党派"人士的"头儿"，当时下面还有七个"无党派"的省部级官员。

袁隆平从20世纪60年代初就开始从事水稻杂种优势的研究，但是他把和邓则结婚那年，即1964年，定为杂交水稻研究"元年"。他和他的助手，还有全国的同行，共同奋斗十多年，到1976年，杂交水稻在中国取得完全成功，领先世界。1982年，国际上就称誉他为"杂交水稻之父"。

怪了，在杂交水稻问世之前，我们的祖祖辈辈凭借种传统的水稻（我们叫"常规稻"），不也养育了中华民族吗？没错，可是后来人口多了，传统水稻产量不高，养不活增加的人口，这就要想办法提高粮食产量。粮食多了，人们不光吃得饱，还能吃得好。在此基础上，我们可以发展畜牧业，生产更多的肉、蛋、奶，增加国民的饮食营养。

袁隆平和他的团队就是作这个研究的。水稻科学家重新安排稻子的"爸爸""妈妈"，使它们的父母在遗传上的差异大些、再大些，这样杂种优势会越来越大。现在一亩"超级杂交稻"的产量已能超过1000公斤，这就是袁隆平团队努力的结果。

那什么是"三系"和"两系"杂交稻呢？这么讲您可能会容易明白一点："系"就是亲本，父或母。

打一个不甚恰当的比方：所谓"三系"，就是先有一对近亲（如同一个村或是表姊妹联姻）的"父母"，我们称其为"不育系"和"保持系"，他们生了个"女儿"，找了个外国的或离老家很远的"女婿"结婚生子，这孩子就是远缘的，这个"女婿"就叫"恢复系"。这样的杂交水稻就叫"三系杂交稻"。所谓"两系"，就是"母亲"有自我改变性别的功能。在温度低时，她就是"他"了；到温度高时，他又变成了"她"。

好了，您晓得这么多就足够了。

刚开始，袁隆平和他的一帮助手是在湖南怀化的一个偏僻的地方——黔阳县的安江农校，作杂交水稻研究。成功了之后，党和政府高度重视，要把"孙悟空"和"小猴子们"从"花果山"请到湖南省城长沙去，在那里建立一个可以任他们发挥，可以"大闹天宫"的地方。这个地方就是1984年6月15日成立的"湖南杂交水稻研究中心"，袁隆平就是中心主任，他一当就是30多年。这个中心后来更加威武了，挂上了"国家杂交水稻工程技术研究中心"的牌子，主任还是袁隆平。

咱们中国有了杂交水稻这个宝贝，外国人能不眼红吗？眼红得很呢！首先采取行动的是美国，他们要把我们的技术买过去，还不许其他国家再碰它。我们是社会主义国家，这样做会引来第三世界的埋怨。袁隆平的心愿是"发展杂交水稻，造福世界人民"。于是，我们依照"对有钱的有偿使用，对困难的无偿提供"的原则，与全世界共享了杂交水稻技术。

在过去40多年的时间里，我们国家的杂交水稻，凭着"一粒种子加一个脑袋"征服了全世界，使得全世界几十个国家数以亿计的人受益。这个"脑袋"就是指袁隆平，他的脑袋里装满了杂交水稻知识和技术。向全世界推广杂交水稻技术比推销我国的高铁技术容易得多。有人称杂交水稻技术是中国的"第五大发明"，我觉得从它的影响来说，这种说法毫不为过。

袁隆平团队的足迹遍天下，袁隆平也不断获得国际认可。截至目前，除了"诺贝尔和平奖"尚未获得外，与农业科技有关的大奖他都得到了，包括"世界粮食奖"。他真是我们中国人的骄傲！

现在，您对袁隆平和杂交水稻有基本的了解了，再给您讲就"复杂"了，您可能"不耐烦"了，当然也许您会更感兴趣。

袁隆平的朋友遍天下，有我国几代领导人，也有外国政要；有科学家，也有农民兄弟；他的同事、学生，甚至很多青少年都成为他的朋友。

好了，现在我要祝贺您，您也成了袁隆平的朋友了！请继续慢慢看下面的故事吧！

⊙2016年5月15日下午,笔者拿着加印的书稿,到了袁隆平家里。他和夫人邓则都喜欢这本书稿。

⊙2016年4月29日,笔者和袁隆平拿着不同封面的书稿在办公室合影。

⊙农民曹宏球自发为袁隆平立了一座丰碑。2021年5月22日袁隆平院士去世后,这里成了人们悼念袁隆平的地方。

我来替袁隆平回答问题

袁隆平为国家、为人民、为全世界作出了巨大的贡献,党和国家还有人民给予他非常多的荣誉。袁隆平在中国几乎是家喻户晓,在世界上也很有名望。

杂交水稻是袁隆平一个人研究成功的吗?为什么只有他一个人得到那么多荣誉和奖励?

我国杂交水稻研究最早是由袁隆平牵头带领几个学生开始做的,最后取得成功是全国科研工作者大协作的结果。许多参加早期研发的水稻科学家,都先后获得了不同的奖励。

袁隆平的研究取得成功之后继续引领全国乃至全球杂交水稻的研究和发展的大方向,一直到现在。这才是袁隆平的巨大贡献所在。他不断获得新的研究成果,也获得越来越多的荣誉和奖励。许多后来在杂交水稻领域作出新的贡献的科技人员,也得到很多荣誉和奖励,有的还当上了院士。

袁隆平为什么没有得诺贝尔奖？

诺贝尔奖奖项里面没有农业奖，美国农业科学家诺尔曼·艾·布劳格获得的是"诺贝尔和平奖"。袁隆平也可以得"诺贝尔和平奖"吗？他至今没有得过这个奖，今后可不可能得到不得而知，但是袁隆平已经被提名过多次。

袁隆平是完人吗？

"金无足赤，人无完人"，袁隆平也是如此。他是我们的榜样，他的优点很多，值得我们学习的地方很多。媒体和社会对他的宣传，肯定是以正能量为主。我和他共事多年，知道他也有许多失误与不足。但是他能接受不同的意见和观点，不是人云亦云，也不搞唯我独尊。在我心目中，袁隆平是一位平凡而伟大的智者、导师和朋友。

袁隆平很有钱吗？

是的，袁隆平很有钱。他的钱都是辛辛苦苦赚来的，到底有多少？他自己也说不清了。外界说他身家有几千亿，也没错，那是指他这个人的价值。不过，我与他打交道多年，就只知道袁隆平用钱"抠门"，吃、穿、用，都舍不得。

袁隆平身体好吗？

袁隆平身体非常好，如果身体不好的话，哪能90多岁了还有那么多精力继续引领国家级的水稻科研大项目，能参加那么多的科研和社会活动？

他身体好，得益于从小就喜爱体育运动。游泳是他的强项，对于球类运动，他也很擅长。他身体好，还得益于他一辈子都在田地里、阳光下作科研；得益于他心态好，生性乐观；得益于他能接受劝告，在晚年时把几乎抽了一辈子的烟戒了；得益于他的家人的陪伴，这使他的饮食起居有规律。

但是，只要是吃五谷杂粮、食人间烟火的人，就难免有小病小痛，袁隆平也一样。他50岁左右时患的"五十肩"，一直挥之不去的"稻田皮炎"，反反复复的肠胃问题常年折磨着他，原来抽烟留下的"后遗症"，使他到了冬天就气喘、咳嗽等，但这都被他一句"寡人无疾"搪塞过去。

袁隆平最怕人家说他身体不好。年纪大了之后，总有人想在他行动时扶他一下，他往往都会予以拒绝，轻则脸上流露不悦，重则用手推开扶他的人。

袁隆平是人不是神，是平凡的伟人、伟大的凡人。所以，不要以为他是神，没有缺点。我们学习他，是学习他的优点，学习他的精神。也许您还有不少关于袁隆平的问题要问，我可能没有办法回答您，请您按照您自己的实践或者"察己则可以知人"的逻辑去思考、去寻找答案吧。

袁隆平看过了书稿

这本书的诞生也是有故事的。记得那是2012年1月6日,我应邀去广西大学一位从英国来的外教伯纳德·古德曼教授家里,与一位从事出版工作的霍丽女士会面,商讨出版有关袁隆平书籍的事宜。霍丽从古德曼教授的夫人李志那里知道我与袁隆平有很密切的关系。古德曼教授是英国皇家化学学会的资深会员,在广西获得过"金绣球友谊奖",至今还在广西大学执教。

那个时候,我还没有出版书的打算,但是保存了很多与袁隆平一起工作时的资料、原始记录等。袁隆平在中国的名望是家喻户晓的。在别人眼里,袁隆平是神秘的"高大上"人士。我倒是没有觉得他神秘。我和霍丽交谈之后,萌生了写写袁隆平故事的想法,但还是没有出版书的奢望。不过,从那时开始,我就慢慢写写有关的小故事,比如我和袁隆平在国外的事。

我写这些故事,不是单凭记忆。我从1975年参加工作的那年起,就几十年如一日地每天撰写"大事记"。2006年以前,我都是记在本子上。2006年以后一直到如今,我都是记在电脑里。时间、地点、人物、故事梗概,百十来字，每天的事都清清楚楚。我与袁隆平在一起时经历的主要事件都记录在案。我在写袁隆平有关的书方面还有一个优势——我收集了截至目前几乎全部关于他的出版物。这些都摆在我的书架上，查阅非常方便。其中不少书是作者或者袁隆平本人签了名送给我的，很珍贵。

我于2010年退休，2012年被霍丽提醒，想到了写写袁隆平的故事。但是因为后来几次到美国照看孙子，又被湖南科裕隆种业有限公司、广西袁氏科技有限公司等公司聘请，坐下来写书的时间不是很多，所以断断续续地慢慢写，直到2016年才基本上完成了本书的"初稿"。实际上，这还只是一个个与袁隆平有关的故事的汇集。我加了个封面，到文印社印了两本，两本"初稿"用的是不同的封面，底图其实就是我和袁隆平在两个比较有代表性的时间段的合影。

2016年4月29日，我带着这两本"初稿"到袁老师办公室给他看。他看后除了高兴就是爱不释手。过了几天，也就是5月10日，大概是中午12点，袁老师打电话给我，他在电话里说："小毛，你的书写得好，真实，图文并茂。我要给邓则看。"到了下午大约6点半，袁老师又从家里打电话给我，要我再多印几本书稿，他要送给"重要"的人看，我立即答应了。我请他写序言，他也马上答应了。在选择封面照片时，袁隆平更加喜欢我和他在刘少奇故居前的合影。他说："那时我们俩都很精干、handsome（英俊）。"

印制这样一本有210页A4纸（只能印一面）的"初稿"，也是要花一点钱的，为省钱，里面的照片只能印成黑白的。我又加印了十本，给了袁老师五本，其余的给了亲朋好友，请他们修改指正。我特意留了一本给我们下放湖南靖州时的知青聚集地——"知青小屋"。

2016年5月15日，那天是星期天，我知道袁老师有午睡的习惯，便在下午拿着加印的几本厚厚的"初稿"到了他家里。他夫人邓老师也在家。他们说："看了几遍了，写得好！但是也有几个地方要修改一下。"他们将其中一本修改了的交给我,里面有他们修改的"笔迹",我至今保存着这一稿。那一天,我也请袁老师在他为此书写的序言上签上了他的名字。

　　为了得到更多人——特别是我在书稿里写到的人,对所写内容的看法、评价或修改意见,我在"初稿"印制出来前,将电子版通过电子邮件或微信发给了相关人士,陆陆续续收到了不少反馈,赞赏的居多,持不同意见的也不少,也有个别人认为现在不宜发表。修改意见有数百条,大到内容小到标点符号,我都一一作了改正。

　　我在"初稿"的"前言"部分,最后落款日期写的是"2017年5月8日",那是我想在我70岁生日那天之前,这本书能够与读者见面。那我为什么一直没有出版这本书呢?主要原因是我自己不满意。因为:第一,这是我的"处女作",我的文字功底差,放一段时间后再来读,自己都觉得文笔不优美;第二,有的故事还在发展中,也许有些读者希望看到结局;第三,也是最主要的,此书的主人公袁隆平,虽说当时已经80多岁高龄,但他还不肯"消停",还在书写辉煌的人生和精彩的故事。我也希望还能发现一些新的故事——我还没有掌握的故事,让此书更加完善、完美。

　　于是,我就把出版的事搁下来了,一搁就是几年。渐渐地,我又收集、掌握了袁隆平在最近几年取得的一些新成就和发生的新故事。2021年是中国共产党成立100周年,我认为这是一个好的契机,我要争取今年出版这本书,作为向中国共产党成立100周年的献礼。

"我要那么多钱做什么"

从理论和实际上来讲,袁隆平应该有很多钱,且不算他创造的社会财富,只算他实际得到的各种各样的报酬、奖金等,都是很可观的。他不清楚,别人更没有办法为他算清。但是,他把钱看得很淡,这一点我深有体会。他经常和我讲《好了歌》,其中有一句"钱到多时眼闭了"。他经常说:"我要那么多钱做什么。"

有一次,他这么对问他的人说:

> 我稍有点名气之后,国际上有多家机构高薪请我出国工作,都被我婉言谢绝了。这跟我的人生观有很大的关系。如果为了名利,我早就到国外去工作了。如联合国粮农组织在1990年曾以每天525美元的高薪聘请我赴印度工作半年。但我认为,中国人口这么多,粮食始终是头等大事,我在国内工作比在国外发挥的作用更大。
> 20世纪90年代,湖南省曾三次推荐我参评中国科学院学部委

员，即现在的中国科学院院士，可我三次都落选了。当时有人说，我落选比人家当选更轰动。但我认为，没当成院士没什么委屈的。我作研究不是为了当院士，没评上说明水平不够，应该努力学习。但学习是为了提高学术水平，而不是为了当院士。

有一个普通农民，年轻时对饥饿有切肤之痛，后因种植杂交水稻而改变了缺粮的状况。为了表达对我的感激之情，他写了一封信请求我给他提供几张不同角度的全身照片，说要给我塑一尊汉白玉雕像。在回信中，我这样写道："谢谢您的好意，请您千万不要把钱浪费在什么雕像上。我建议您把钱用到扩大再生产上。请您尊重我的意见，并恕我不给您寄照片。"

尽管我再三拒绝，但那个朴实的农民还是为我塑了一尊雕像。有人问我见过那尊雕像吗？我笑道："我不好意思去看。"

至于荣誉，我认为它不是炫耀的资本，也不意味着"到此为止"，那是一种鼓励，鼓励你继续攀登。

我对钱是这样看的：钱是要有的，要生活，要生存，没有钱是不能生存的，但钱的来路要正！另外，有钱是要用的，有钱不用等于没有钱。该用就用，但是不挥霍不浪费，也不小气不吝惜。够平常开销，再小有积蓄就行了。拿那么多钱存着干什么？生不带来死不带去。

有个权威的评估机构说我的身价是1008亿。要那么多钱做什么？那是个大包袱。我觉得现在很好，工资够用，不愁生活，房子也不错。要吃要穿都够，吃多了还会得肥胖症。我从来不讲究衣服品牌，也不认识品牌。当然，也可能是因为我皮肤粗糙，感觉不出好坏来。我觉得只要穿得合适、朴素大方就行，哪怕几十块钱一件的都行。我之前穿过的最贵的西装是在北京买的，那是到北京领首届"国家最高科学技术奖"前,抽空逛了回商场买的打折后七八百块钱一套的西装,还是周围同事叨咕了半天,我才买的。

我不愿意当官,"隆平高科"让我兼任董事长,我嫌麻烦,不当!我不是做生意的人,又不懂经济,对股票也不感兴趣。我平生最大的兴趣在于作杂交水稻研究。我不干行政工作就是为了潜心作科研。搞农业是我的职业,离开农田我就无所事事,那才麻烦。有些人退休之后就有失落感,如果我不能下田了,我就会有失落感,那我做什么呢?我现在还在下田。过去走路,后来骑自行车,再后来骑摩托车,现在我可以开着小汽车下田了。

学农有学农的乐趣! 只要有追求、有理想、有希望,就不会觉得苦! 我们研究水稻,要待在水田里,还要在太阳底下晒,工作是辛苦点。在二十世纪六七十年代,生活很苦,吃不饱,但我觉得乐在苦中,因为有希望、有信念。我认为粮食是最重要的战略物资,所以我觉得我的工作是非常有意义的,对国家、对百姓都是大好事。我现在身体还不错,老骥伏枥,壮心未已。我还要迎接新的挑战,向新的目标迈进!

袁隆平提到的那位为他雕了一尊汉白玉雕像的普通农民,是湖南郴州的曹宏球先生。他作为脱贫之后的种粮大户,非常感激袁隆平为广大农民带来了丰衣足食的幸福生活。1996年10月,他带着多年的积蓄六万元钱,专程到了河北省房山县。他找了当地汉白玉雕塑工厂,一问价才知道,带的钱远远不够。当工厂老板知悉是为袁隆平做雕像时,只收了他4.8万元,而且加班加点,确保质量完成。1997年2月,雕好的全高1.6米的袁隆平汉白玉像运到了湖南郴州。郴州当地举行了欢迎仪式,媒体也进行了报道。

曹宏球将雕像和座基安放在国道公路边的一块空旷地上，并为这块地取名叫"稻仙园"，座基上刻有"杂交水稻之父袁隆平院士"几个金色大字。每年有不少人前往参观。前几年，曹宏球去世了，闻讯后，湖南省袁隆平农业科技奖励基金会的张桥代表袁隆平去参加了曹宏球的安葬仪式。直到如今，曹宏球的后人还一直义务管理着"稻仙园"。

类似的雕像或纪念物，在全国特别是在农村还有不少。正如袁隆平说的，他最大的财富就是为中国和全世界解决粮食安全问题。粮食是最重要的战略物资，有了粮食，就有了发财致富的基础。在农民群众心里，袁隆平是一座丰碑！

要那么多钱做什么？永远活在人民心中的人，才是最富有的！

相识相知篇

···

第一次「听到」袁隆平

初次与袁隆平打交道

袁隆平的「说不清」

「旺夫奖」

国际水稻研究所的常客

戒烟请找袁隆平

袁隆平与麻将

袁隆平的接班人

健谈的袁隆平

第一次"听到"袁隆平

在上大学时,我就知道袁隆平他们研究杂交水稻的事了。他的第一助手李必湖,是我在湖南农学院(现在的湖南农业大学)同专业、同届不同班的同学。1976年,我们毕业了,我去了湖南省农业科学院(以下简称农科院)水稻研究所工作。1977年1月,我获得了一次参加省级会议的机会。

那年1月14日至22日,在湖南省衡东县召开"湖南省三杂(杂交水稻、杂交玉米、杂交高粱)科研、生产经验交流会",湖南省农科院水稻研究所派我去做会务工作。1月14日下午,我和几位同事从长沙坐大客车到达衡东县。

晚上,会务组召开会议,我被分配到了大会秘书组。我们的任务是:听会议,听汇报,了解情况,收发资料,安排会议议程和发言,以及在发言和讨论时作好会议记录。所以,我作的记录特别认真。

会议于1月16日上午开始。当天是星期天。那个时候还没有双休日,人们只休星期天,也就是说,大家是在加班开会。

本次会议重点是交流经验,要研究1977年科研协作方案,要产生一份会议综合简报、一份经验（资料）汇编，春节后出版。

1月16日下午，时任湖南省农科院水稻研究所所长的贺湘楚（后来升任湖南省科委主任）、湖南省农业厅粮食生产处处长余道万等领导发言，强调湖南省1977年实现1500万～2000万亩杂交水稻种植任务十分艰巨（当时全国任务是3000万亩）。

17日到19日是大会交流。1月20日上午是小组讨论。我参加了与水稻有关的小组讨论，参加讨论的有湖南省农科院、湖南农学院和各分院、各地农校，还有中科院上海植物生理研究所等做基础理论研究的单位代表，召集人是湖南农学院的刘德中老师。袁隆平也在这个组，我对他的发言作了详细记录。

当时，我的任务主要是作记录，也就顾不得看台上是谁发言，这人长什么模样。会议结束，我们还要忙于其他会务工作。加上刚参加工作，哪里认得什么领导、名家？所以，我也没有看台上的袁隆平长什么样子，也记不住他的声音，只记住了他发言的主要内容。

一晃40多年过去了，因为要写袁隆平的故事，我翻开封面已经发黄、里面内容是用铅笔书写的记录本。再看"未经本人审核——实际是不可能本人审核"的记录，从专业角度看也还正确，从文字角度看也还顺畅。嘿嘿，在当时报告人没有板书、没有幻灯片的情况下，只凭两只耳朵，我竟然记得那么详细、准确。我70多岁时才发现自己有速记的天赋，好可惜呀！

估计现在要我再作现场记录这件事是无能为力了，眼花了，手颤了，耳聋了，记忆力也不行了。看来，年轻就是优势。我比袁隆平小十几岁，但是我与90多岁的袁隆平比，也基本没有优势可言。他厉害着呢！

初次与袁隆平打交道

我第二次"听到"袁隆平是在 1978 年,那是我参加工作后的第二年。1月 16 日上午,我和湖南省农科院水稻研究所的同事们一起去湖南省科技情报站会堂听学术报告。那天一共有三个人作报告,第一个是武汉大学生物系的周嫦老师,报告内容是介绍花培工作,就是水稻的花药培养技术。第三个是北京大学生物系的朱教授,讲的也是花药和花粉培养方面的内容,但是理论多一些,也深奥一些。

第二个作报告的是袁隆平,他的报告题目是《介绍杂交水稻今后的几个设想》。他是分三个方面讲的:一、质核杂种;二、无融合生殖杂种;三、优质杂种。我听报告作记录还是很认真的,关于他的报告,我记了四五页,超过一千字。其中第三部分的要点是:把现在蛋白质含量高的品种转育成不育系或恢复系;把现有高产品种转到野生稻质中去。

我真正和袁隆平交流还是在异国他乡。那是在 1981 年—1984 年,通过农业部的考试后,我由国家选派出国,到设在菲律宾的国际水稻研究所

（International Rice Research Institute，缩写为IRRI）攻读硕士学位。袁隆平恰好公派出国做访问学者，在那里工作。国际水稻研究所成立于1960年，是全世界水稻综合科学研究的殿堂，由美国洛克菲勒和福特基金资助建成。

1982年，从湖南省农科院去国际水稻研究所学习和工作的有四个人，后来陆陆续续还有湖南省农科院的人去学习和工作。除了我之外，一个是田际榕，当时是湖南省农科院植保所的，回国后担任过湖南省农科院院长；一个是蒋稚龙，他和我在湖南省农科院水稻研究所同一个研究室，是研究稻种资源的，当时已经50多岁了。再就是袁隆平，他是研究杂交水稻育种的。袁隆平当时是在安江农校工作，并没有在湖南省农科院上班，但也是由湖南省农科院派出国的。

那时在国际水稻研究所学习和工作的中国人还有从其他省来的，人数也不多，因为我们都在一个餐厅里吃饭，大家很快就认识了。一天，袁隆平拿着一台相机，在国际水稻研究所转悠，对着建筑物拍照。我问他为什么只拍建筑物。因为那个时候，菲律宾的彩色胶卷价格也不便宜，国内价格更贵。一般国人来了，多是拍人物照留念。

他跟我讲了原因：当时的湖南省计委（今发展和改革委员会）要他拍些国际水稻研究所的建筑物、设施回去作参考。到他房间细聊才知道，湖南省农科院要新成立一个杂交水稻研究中心，专门从事杂交水稻研究，目前正在筹备之中，想参考国际水稻研究所的世界标准进行设计和建设。

我就对他讲："袁老师，您就把这件事交给我来做吧！"他给了我相机和两卷胶卷，也没有说什么时候要照片。我问他什么时候回国，了解到还有足够的时间。他对拍什么也没有底，只是告诉我，办公、科研、生活、后勤等建筑和环境都拍一点。

我父亲、祖父，都是做工程的。父亲是湖南省交通厅高级工程师，公路、桥梁专家；祖父是水利部高级工程师，参加过丹江口水库建设。由于受家庭影响，我对建筑或多或少有点爱好和悟性吧。我按照袁老师的布置，先构思了一个拍摄方案。

我按照先整体后局部、先外观后内部、先宏观后微观的思路，把整个国际水稻研究所拍了个遍。原本想把照片交给袁隆平就了事的，后来一想，他把照片拿回去，看照片的人会一头雾水，不知道每张照片拍的是什么。

我想，要是能做成有说明的相册给人看不是更好吗？好在菲律宾大学校门外面有专门的店可以做这种册子，因为学生们的毕业论文之类都是要做成硬壳封面的册子的。我就拿着作好分类的照片，到店里做成了两本一样的相册。因为没有办法打印中文，我只好在每张照片下方，用工程仿宋体字写下了每张照片的内容，还编了目录和页码。

我在袁隆平回国前将两本相册交给了他，当然他付给了我冲印照片和做相册的钱，公事公办，我也没有脸红，爽快地收下了他付给我的钱。我想袁隆平对相册是很满意的，据说他拿回去后，省计委的人还很是惊奇了一番的。

1984年5月，我回到湖南省农科院水稻研究所，继续做我的水稻品种资源研究中的国外引种课题。我已经有了张德慈这样的作稻种资源研究的世界级导师做后盾，又在国际水稻研究所学了几年，与国内外从事稻种资源研究的专家们又建立了深厚的交情，确实是想在稻种资源研究特别是国外引种方面做一番事业的啊！

没承想，袁隆平找到我，要我到新成立的湖南杂交水稻研究中心工作。我其实也是很犹豫的：袁隆平很有声望，我到他那里岂非攀龙附凤？我在水稻研究所作资源研究，当时已是业内佼佼者，第一年是"跟班"，第二年就做了"国外引种"课题的主持人，我到他那里，因为业务不熟，还得另起炉灶。但我依然对院里和所里的领导表态：坚决服从组织安排！

这一表态就没有退路了。过了个把月，我就到湖南杂交水稻研究中心去上班了。

⊙ 2004年5月，袁隆平到以色列参加"沃尔夫奖"授奖仪式。以色列总统为袁隆平颁奖。

⊙ 2004年5月，全世界十位杰出科学家获"沃尔夫奖"。在印发的获奖者名单上，袁隆平排在第一位。

⊙ 20世纪80年代初，袁隆平在国际水稻研究所育种系简陋的办公室工作。

袁隆平的"说不清"

我铆足了劲,准备动笔写书了。可一动笔,我就遇到了麻烦。先得介绍袁隆平生于何年何月何日吧。我手头有许多关于袁隆平的书,仅"自传"或"他传"就有四五本,翻开一看傻眼了:居然有好几个版本的出生日期。

再想写袁隆平得到过多少荣誉和奖励,他见过多少国家的领导人和政要,也数不清了。他到过世界上哪些国家和地区,去过多少趟,哪年哪月哪日去的,也无法搞清了,他自己也记不起来了。

几乎可以肯定,读者诸君是他的粉丝。但是全世界他的粉丝究竟有多少?只怕也没有人说得清,我想十几亿应该是有的!他给许多人和单位题过字,他到底题过多少字?也多得数不清。

一个人的生日只有一个,可是,现在传来传去,他有好几个生日了。不信,您看:在好几个版本的传记中,他的生日是1930年9月1日,农历七月初九。但是,在国内外的一些文献中,他的生日又是1930年9月7日。至少,他出生于1930年是可以确定的吧?他就是以"1930年出生"的算法,过

稻济天下 / 袁隆平鲜为人知的故事

了80多年。湖南杂交水稻研究中心在每年农历七月初九都要为他举行生日庆典。

上面左图是单位保存的20世纪80年代技术档案中关于袁隆平的基本资料，其出生日期是"1930年9月7日"。但是右边这张袁隆平笑眯眯的照片下写的却是："袁隆平，1930年9月1日生于北平（今北京）。"这就有点让人摸不着头脑了。

2016年2月5日，我去看望他时，他有根有据地告诉我："小毛，我实际上是1929年出生的，我今年应该是87岁了，比毛致用大一岁。"他还告诉我：他是在北京协和医院出生的，为他接生的人，是我国著名的妇产科专家林巧稚大夫。

这是不可以乱说的！这关乎他自己的生日！但是，这个证据非常准确，是他的秘书辛业芸亲自到北京协和医院查到了袁隆平的出生记录，有袁隆平刚到这个世界的脚板印为证，还有许多确凿的文字材料。

北京协和医院保存的袁隆平出生档案，上面记载的出生日期是"1929年8月13日"，正好是农历七月初九。

在这份确凿的档案上，我们可以看到有中文"袁小孩"和英文"Baby Yuan Sing Lieh"。"袁小孩"就是"袁隆平"。"Baby Yuan Sing Lieh"的中译是"袁兴烈"，就是袁隆平的父亲。令人惊讶的是，袁隆平居然是林巧稚接生的第一个小孩。这世界上的伟人、名人，似乎总是有些"凡夫俗子"不会有的故事。

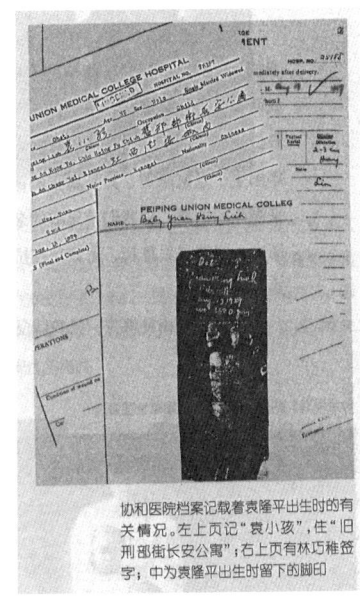

协和医院档案记载着袁隆平出生时的有关情况。左上页记"袁小孩"，住"旧刑部街长安公寓"；右上页有林巧稚签字；中为袁隆平出生时留下的脚印

我很纳闷：怎么会出来个"1930 年 9 月 1 日"的出生日期呢？我查了一下"万年历"才明白。原来，写书的人不想用农历记载一个名人的生日，而是想与"国际接轨"，估计他也查了"万年历"，将"1930 年农历七月初九"换算成公历了。嘿！那天正好是公历 9 月 1 日。

至于"1930 年 9 月 7 日"这个出生日期，我不知道是怎样换算的。

那么朋友，今后要是有人问您袁隆平的生日是哪年哪月哪日，您可以告诉他，袁隆平的生日是 1929 年 8 月 13 日，农历七月初九。别人若问您依据何在，您就告诉他，这本书里面这么写的。

放心吧，我也是听袁隆平本人告诉我的，湖南教育出版社 2010 年出版的《袁隆平口述自传》里写得清清楚楚。袁隆平的真实出生日期到他晚年时才弄清楚，也算是他的"难得糊涂"了。"糊涂人"长寿，一点不假！

稻济天下 / 袁隆平鲜为人知的故事

"旺夫奖"

大家都知道袁隆平的夫人叫邓则,"则"字也可以写作"哲学"的"哲",为什么?袁隆平是这么说的,"邓则"的"则"字在四川话里,发音和"贼"字一样,不好听,于是将"则"字改为"哲"字,"哲"字又好听,意义又好。所以,"邓哲"的"哲"是袁隆平给她取的,并一直在沿用。但有时候遇到别人邀请,她要跟随袁隆平外出,人家给她订机票时就会弄错,因为"邓哲"与身份证上的姓名不相符,引起很多麻烦,所以,又改回来叫"邓则"了。

随着名气变大、头衔增多,别人对袁隆平称呼的变化大概是这样的:直呼袁隆平、袁隆平同志、袁先生、袁老师(安江农校老师)、袁教授(湖南农大教授)、袁主任(杂优中心[①]主任)、袁老板(同事私下称呼)、袁院长(湖南省农科院名誉院长)、袁主席(湖南省政协副主席,省科协副主席)、袁院

[①] 湖南杂交水稻研究中心创建之初,在湖南省农科院等科研机构内部,一般被习惯称为"杂优中心","杂优"意为水稻杂种优势。

士。他获得过荣誉博士称号，可好像没人称他袁博士。不管别人怎么称呼袁隆平，邓则对袁老师一直以"先生"称之。

我们一般称邓则为邓老师，其他称呼还有：邓则同志、邓则女士、袁夫人、袁太太（华侨之称）。现在也有人喊她"邓娭毑"（"娭毑"在湖南话里是奶奶的意思）了。说她是贤内助，倒也不只是一种礼节，她真的是"贤"，性格上的贤惠，待人接物上的贤惠，默默无闻从不插手公事佐助丈夫的贤惠。她是职业女性，在杂优中心图书室工作，负责档案资料管理，尽职尽责。

她不是很会理家的内助，原因也简单，她一直上班，工作忙；身体一直不好，几次受伤，至今未痊愈。袁先生是生活不讲究、容易伺候的人，加之袁先生一年到头就没有几天在家的日子，尤其在杂交水稻研究早期，他甚至好多年都不在家里过年，所以袁先生家里略显凌乱，但是东西都摆设有序，有种"凌乱美"。

邓老师虽非理家能手，但也不是那种夫荣妻贵、盛气凌人、专横跋扈、仗势欺人的女人。有人到她家去，要找袁隆平，她就如同传达室的人，喊出袁老师或告诉来人袁先生去哪儿了，然后自己就到另一间房去做她的事。

邓老师心地善良，面相也和蔼可亲，平日笑眯眯的，我从没有见过她的"哭"相。

邓老师受过多次伤，最惊险的一次是：1987 年 4 月 22 日下午，在中心处理重要事务的袁隆平接到安江打来的电话，说他夫人 4 月 17 日差点被消防车轧死。当时，被撞伤的邓则躺在车下，她的头离车轮只有几厘米。邓老师怕袁隆平着急影响工作，出院后才告诉袁老师。次日，袁隆平就回安江看望邓老师去了。

那次，我们安慰她说"大难不死必有后福"，谁知后来她又遭遇车祸。

2006 年 10 月 17 日，我到袁老师家看望他们。进了大门后，看到邓则老师挂着双拐吃力地慢慢挪步。在谈话中得知，她是在去延安途中出了车祸受了伤，导致腿部骨折并做了手术。

后来，中心几个已退休的职工家属来找邓老师聊天。其中有罗崇善的夫人和朱运昌的夫人。在他们家的小客厅里有一张理疗床和几样简单的家具，有点陈旧了。大家挤坐在沙发上聊得很热闹。

邓老师对人特别和蔼。中心内外有人因为福利、家庭、妇女、儿童、贫困、疾病等需要通过袁隆平呼吁帮助时，邓老师就会在袁先生跟前"敲边鼓"。大家都亲切地称她为"我们的邓大姐"。

袁隆平家总是有两种人聚集：一种是袁先生的"麻友"；另一种就是中心在职或退休了的女职工或女家属，她们经常找邓老师一起聊天。用湖南话讲就是袁老师屋里是堂客们喜欢聚聊的地方，因为袁老师的堂客邓老师在堂客们心中具有一种天然的凝聚力。在湖南话里，"堂客"就是老婆的意思。在袁老师家，从来没有"门难进脸难看"的事，他们两口子对人都非常友善。

我每次去她家，若袁先生不在的话，总要和邓老师聊上一阵。她每次都要问到我老婆、儿子，还有家里的其他事。2016年2月24日，我到她家，那天袁老师去办公室了，我就和邓老师聊了一阵子。我问她："听说袁老师不打麻将了？"她说："还打，打得少些了。"她问了我儿子毛大治的情况。我说他还在美国，现在我有两个孙子了。她也很高兴。

临走时，我说要跟她合个影，带给老婆、发给儿子看。她很高兴，一定要拉我到室外摆满鲜花的门廊前拍。正好在这个时候，中心的一位年纪不大的老职工张世强来送书报邮件，邓老师就请门卫帮忙，给我们三人拍了个合影。我把这张照片给朋友看，说这是袁隆平的夫人时，朋友有点惊讶："袁夫人好年轻啊！没有你的年龄大吧？"其实邓老师比我大十岁，但从这张照片看，我反而比她大十岁似的。这恐怕就是心地善良的人健康长寿的原因吧。

我至今没有看到也没有听到过关于邓老师的非议。我认为，要做一番事业的男人，找老婆就要以邓老师为标杆。

邓老师还有一个令我仰慕的优点——她不唠叨，不为琐事纠缠丈夫。这样家庭才会和睦，丈夫在外面做事才会心无旁骛、勇往直前。袁老师有这样的贤内助，于家、于业、于寿都是福。我想，要是全国妇联设个"旺夫奖"，邓则老师是肯定能获奖的。

国际水稻研究所的常客

袁隆平到菲律宾国际水稻研究所去访问,频繁得就像在国内出差一样。最为频繁的时候是二十世纪八九十年代,据他自己说,他前后去过菲律宾和国际水稻研究所不少于30次。

在国际水稻研究所,他的地位、影响力与日俱增。他在国际上的名气还不是很大,在国际上的地位还不是很高时,在国际水稻研究所是受到过歧视的。

袁隆平在国际水稻研究所做访问学者时,在育种系二楼有一间还算宽敞的办公室,透过窗户可以看到对面植物病理系。访问学者在国际水稻研究所的地位很一般,只能算"临时工"。因为访问学者待的时间都不长,做完某项研究,写完一篇文章后就要离开,下次来还是访问学者。在工作条件上,可能配助手,也可能不配助手,样样工作都要自己动手。

看到国际水稻研究所给袁隆平的待遇太低,几个中国留学生,以杨聚宝为首,找到了国际水稻研究所的领导,去跟他们讲道理。他们告诉国际水稻研究所的领导,我们国家一直没有实行学位制,袁隆平在国内已经是有名的教授,带了许多学生。他研究成功的杂交水稻在世界上领先。国际水稻研究所必须像对待高级职员(Senior staff)一样对待他!

国际水稻研究所把袁隆平的待遇提高了一些,但也没有让他做Senior staff,更没有让他住到Senior Staff House(国际水稻研究所高级职员宿舍区)去。不过,2001年,国际水稻研究所出面,推荐袁隆平申报"世界粮食奖",这应该是给他的一个"特殊待遇"。

袁隆平是国际水稻研究所的常客,久而久之,他又变成了"主人"。随着对国际水稻研究所的了解越来越多,他觉得国际水稻研究所有许多地方值得我们学习。他积极组织国内从事杂交水稻研发的人到国际水稻研究所参观学习;推荐年轻人到国际水稻研究所攻读学位、做博士后或访问学者。我就是受益者之一。湖南杂交水稻研究中心的许多中青年,都到国际水稻研究所进修过。

当然,他首先考虑的是那些早期和他一起协作攻关、为杂交水稻研究作出了贡献的人。一般都是由袁隆平出面与国际水稻研究所的高层联系。由于他的知名度和在国际水稻研究所的"熟面孔",经他联系的,几乎都得到批准,最后成行了。

1988年6月6日,我收到袁隆平从安江寄来的一封信,附有他写的英文信草稿。他在信中写道:

昌祥:你好!

所附英文信系我为华南杂交水稻工作组要求访问国际水稻研究所而写的联系信。请打印,核对后复制五份,三份径寄国际水稻研究所,另外两份分别寄给广西农业厅刘鸿珍和广东省农科院彭惠普。

我左臂的酸痛和麻木症迄今尚未痊愈，目前正在进行针灸治疗。我计划于本月12或13日坐汽车来长（沙）。

余待面谈，顺祝近好。

袁隆平
88.6.6

经过袁隆平的联系和推荐，许多从事杂交水稻研究的人，特别是那些在基层工作的人，得到了到国际水稻研究所参观学习甚至工作的机会。这为我国杂交水稻研究培养和储备了大量人才。

戒烟请找袁隆平

　　这是什么意思？为什么戒烟要找袁隆平？请听我慢慢道来。

　　袁隆平原来烟瘾很大，在各种场合都有可能抽烟。在袁隆平早期的一些公开的照片上，都还能够看到他手夹香烟的样子。虽然我们常说吸烟有害健康，但有些人依然认为吸烟不失为男人的某种特质之一，以前在许多电影广告、书籍杂志封面上都能见到男人吸烟的形象。

　　抽烟不是好习惯！但是对某些人来说，香烟却成了必需品。吸烟之所以让人上瘾，总是因为有些微的"好处"，所以人们才舍弃不下。但是坏处远远大于"好处"。要舍弃它，必然有一定的痛苦。袁隆平开始抽烟时，也是在繁重的工作或其他压力下，像其他人那样为了减压才抽起了香烟。

　　袁隆平是何时开始抽烟的，似不必详考，我认识他时，他就已经烟不离手了。我们也常劝他："袁老师您最好戒烟啊！""您能不能每天少抽几支？"但他反而变本加厉了。

　　他抽烟，有一半是为了"公关"。这点我看到了。只要他想抽烟了，在身边的人，不论身份，见者都可以与他分享。当然，人家不要，他也不强塞。

记得在菲律宾时的一个节假日，我和他一起到马尼拉的唐人街去游玩。他就喜欢去买薄荷味的香烟，还喜欢到那里吃中餐，看中国电影，有时也买几本《读者文摘》之类的中英文杂志，带回国际水稻研究所消遣。他也喜欢到当地华侨家里去玩，和中国留学生们一起做中国饭菜。一旦袁隆平开始抽烟，一包烟立刻就分发完了。

在国内也是这样。1999年10月4日，袁隆平要去越南指导杂交水稻研究，他到南宁转机，要在南宁停留几个小时。他不想惊动广西的政府部门，就让我们全家到机场与他见面。当时我担任广西农科院水稻研究所所长，我让司机开车载我去机场接他。飞机上是禁烟的，憋了很久的他，下飞机第一件事就是抽烟。他先递了一支烟给我们所里的司机李伟芬。李伟芬见到袁隆平已经很高兴了，见他递来香烟，再一看牌子，更是有点受宠若惊了。后来他对人家讲，"袁隆平请我抽烟，还为我点火"，一直引以为豪。袁隆平递了烟给司机后，走到一旁，笑呵呵地"过瘾"去了。提了提神，我们才开始聊正事，一直聊到在机场吃完晚饭，他上飞机飞往越南。

袁隆平在国外抽烟还有故事呢。

首先，他创造了一个新的英文词——"smoking hungry"。他多次对我和别人包括外国人说，这个词就是"来了烟瘾"的意思。他说，他在国外要抽烟时，就先对其他人说"对不起，我'smoking hungry'了"，别人理解，也就不怪他了。

他在国外规格最高的一次"smoking hungry"发生在菲律宾。他被菲律宾前总统阿罗约夫人请到总统府，听取他对菲律宾杂交水稻发展的意见时，他的烟瘾犯了。当袁隆平如实说出了"I am sorry, I am smoking hungry now"，总统立即暂停了商讨，让她的侍卫长带袁隆平到户外去抽烟。侍卫长端着烟灰缸站在他身边，一直等他把烟抽完。

袁隆平后来怎么戒烟了呢？他向我说起过，他作为特邀代表，参加了中国共产党第十八次全国代表大会开幕式，回来后就开始戒烟了。他也讲过，钟南山院士多次劝他戒烟的事。

中国共产党第十八次代表大会是 2012 年 11 月 8 日开幕的，估计袁隆平开始下决心戒烟，应该是在当年的 11 月中旬前。他也是下了最大的决心了。在戒烟多次失败后，他开始最后一次戒烟了。2013 年 6 月 13 日，我到了长沙，特意到湖南杂交水稻研究中心看望他。他见到我又惊又喜，毕竟我们又有一段时间没有见面了。

寒暄之后，他拿出一颗水果糖塞进了嘴里，然后递给我一颗。我抓拍下了这个镜头。我问："您为什么喜欢吃糖了？"他说："戒烟之后，嘴里面没有味道，吃一颗糖会好一些。"那时，他已经戒烟半年多了，还是有点难以适应。但是，他还是坚持下来了，一直到今天。不容易啊，那时已 80 多岁的他，每天工作那么忙，要用脑子，要思考许多重大的问题，竟然将抽了几十年的烟戒掉了，真的是不简单！

2020 年 11 月，我又到了长沙，到湖南杂交水稻研究中心参加第十一届"袁隆平农业科技奖"颁奖仪式。我见到他，他身体还不错，气色也蛮好。看来戒烟对保持身体健康是有帮助的。唯一遗憾的是，他要坐轮椅了，被人推到颁奖会场。

现在也许有人要戒烟，但没有勇气和毅力，建议学习袁隆平院士，下定决心，一定能做到。世界上没有克服不了的困难，要战胜困难，首先要战胜自己。袁隆平就是这样的好榜样！

袁隆平与麻将

　　袁隆平是个多才多艺的人，他有许多爱好。他最喜欢的文娱活动是打麻将，没有之一。他现在已经年逾九十，还经常打麻将，兴趣还很高。有时他的秘书要请示他一些事情，他如果是在"战尤酣"的状态，是不予理睬的。

　　袁隆平打麻将不是秘密，也不是新闻，只是不广为人知。我从1984年被他调到刚成立的湖南杂交水稻研究中心开始，就知道他喜欢打麻将了。那时他家属还在安江农校。他到长沙来，住在单位安排的宿舍兼办公室里。他工作的时候全心全意，休息的时候就邀请几个有点"麻艺"的人打上几圈，算是消遣。

　　等到他们全家搬到了长沙，住进了专门为他建造的别墅式的房子后，客厅里就有了固定的打麻将场地。打麻将是节假日或他下班之后的事。袁隆平在家的时候才开赛，他出差了，也没有人到他家打麻将。

　　在起初的那几年，袁隆平的麻友有各式各样的人，但多是年龄和他相差不太大的同事。到了后来，袁隆平的麻友开始相对固定了。"常务麻友"大多是年龄比他小二三十岁的年轻人，当然都是我们中心的职工。也有一些"候补麻友"，那是在"常务麻友"因故不能到场时，袁隆平点将，叫某某来，于是有人打电话或上门，请来"候补麻友"。"候补麻友"自然是乐不可支，一是可以和袁老师他们一起过过瘾；二是可以逃避

2012年4月29日（星期日），袁隆平在一把麻将获胜之后的高兴劲儿。那时他已经80多岁了，精神多好呀！

做家务活，哪怕是老婆阻拦，一句"袁老师要我去的啊"，推得干干净净。

袁老师玩麻将的时候专心致志，基本上不谈工作，不谈与麻将无关的其他事。当然，遇有重要事情，袁老师就会暂停打麻将，把工作处理完了再回来。

通过几十年如一日的时不时"打几圈"，他也加深了与同事们的友谊、工作上的默契。许多人都以是他的麻友而自豪，也有很多人想成为他的"候补麻友"。

袁老师他们打麻将时，周围"观战"的人很多。有默不吱声的，有指手画脚的，还有看东家帮西家的。不过，大家都还是尽量让袁老师赢牌，尤其是那些年轻的"常务麻友"们，相处久了，自然知道"老板"的脾气。

袁隆平也有过一段时间没有怎么碰麻将，那简直是要他的命。那是因为或者他身体欠佳，医生建议他静养；或者是他在外出差，实在没办法。

体脑结合，劳逸结合，有张有弛，人的兴奋点就多，产生的多巴胺也多，肯定是有益于健康和工作的。所以，袁隆平视玩麻将为养生之道，是有道理的。我的一些长寿的亲朋好友，年过九十还玩麻将的不在少数。

袁隆平的接班人

或许很多读者会问，谁是袁隆平的接班人？我比您更关心，十多年来一直在关注这个问题。袁隆平年事已高，已经年逾九十。他早已将生死置之度外了。我与他相处这么多年，基本上是无话不谈，他对"眼闭了"之后的事看得很淡，只是说，眼闭了就全没有了。他引用的就是《红楼梦》里的《好了歌》，其辞曰：

世人都晓神仙好，只有功名忘不了！
古今将相在何方？荒冢一堆草没了！
世人都晓神仙好，只有金银忘不了！
终朝只恨聚无多，及到多时眼闭了！
世人都晓神仙好，只有姣妻忘不了！
君在日日说恩情，君死又随人去了！
世人都晓神仙好，只有儿孙忘不了！

⊙2006年10月，邓则老师出车祸受伤。这是袁老师正在打电话，邓老师在一旁还是乐呵呵的。

⊙ 2018年3月24日，袁隆平为陈洪新贺寿。

痴心父母古来多，孝顺儿孙谁见了？

袁老师能熟练地背下来，他是把生死看得很淡的。

至于袁隆平的接班人，要分两个范畴来讲：

一是杂交水稻技术的接班人。这个接班人早已有了，而且很多，包括他的几个儿子，尤其是他的小儿子。他的助手、学生都属于这一范畴。有的人在某些方面已经青出于蓝而胜于蓝了。

袁隆平早期培养的一批硕士研究生，有好几个去了美国读博士，获得博士学位后继续留在美国多年，在企业或科研机构工作，成就也多，其中有一位还在国际水稻研究所担任过杂交水稻首席科学家。后来，他们中的三人回国了，也回到了湖南。

二是袁隆平在湖南杂交水稻研究中心职位的接班人。这也早就有了。袁隆平从湖南杂交水稻研究中心成立起，就担任中心主任一职。后由罗闰良、齐绍武先后接任湖南杂交水稻研究中心主任。

所以，关于袁隆平的接班人已经很明朗了。他的技术、他的精神，早就有了接班人。这里的接班，主要就是传承；而他的职务的交接，也算是一种接班，这不是由他决定得了的。

写到这里，感慨油然而生，我想到了"时势造英雄，英雄造时势"这句颇有哲理的话。袁隆平是时势造就的英雄，他还起到了"英雄造时势"的作用。这点，他比许多获得院士称号的人做得要好许多。他确实起到了榜样的作用，媒体对他的报道非常多，他在群众中的影响又特别大，要实现中华民族的伟大复兴，党和国家需要他这样的人成为榜样，为国家的发展起模范带头作用。

我想，这才是"谁是袁隆平的接班人"命题更重要的内涵！

健谈的袁隆平

袁隆平知识渊博,见多识广,爱好广泛,也很健谈。我们几乎无话不谈。我每次和他在一起,总是觉得时间过得飞快。2013年6月13日上午,我到湖南杂交水稻研究中心去看望他,经他允许用手机记录下了我们的交谈。这种交谈,在不知背景的情况下,旁人从整理出来的交谈记录中是看不出什么名堂的。这里以问答形式给大家看看我们的谈话内容,让大家感受一下袁隆平健谈的性格。

上午11点前,我到了湖南杂交水稻研究中心,想见袁隆平。负责接待的小伍告诉我,他正在接待客人。我在彭既明办公室跟他聊了一阵,觉得时间差不多了,便直接推门进了袁老师的办公室(我见他一般都不约的)。他正在低头看一本《世界地图册》,翻到了东南亚地图。他看到我进门,先是一愣,然后我们几乎同时说话。我习惯地用英语向他问好。

毛:"How are you, sir?"

袁:"你怎么来了?你还在科裕隆吗?那个'雄伟大厦无正门?'(指的是我起草的袁老师题词:'神奇种业科裕隆,雄伟大厦无正门;迎君何需金光道,显山露水在七层。')哈哈哈哈!"

毛:"我现在到了广西'袁氏',为你家的老大、老三打工。这次是出差到长沙来看望你。你身体很好呀!戒烟有好处(随即我递上一张袁氏科技公司的名片给他,他看了一下)。我负责田阳基地。"

袁:"田阳我去过,是个好地方。你有能力,还年轻,就好好在这个公司干吧。"

毛:"袁老师,你戒烟多久了?"

袁:"到今天,我已经戒烟 208 天了。"

毛:"你是从哪天算起的?"

袁:"从党的十八大召开算起(他扳起手指头反复算了时间)200 多天了。我参加了党的十七大和十八大,作为特邀代表出席。十七大和十八大,我都是坐在主席台最后一排的最右边的位子上。"

毛:"那你要计算到什么时候止,戒烟才算成功了?"

袁:"300 天就可以了。"

毛:"今年海南超级稻超高产栽培试验结果出来没有?"

袁(马上来了精神):"海南郭老师搞的一亩多超高产,测产达到亩产 944 公斤,实收 942 公斤。由于采用机械收割,有一些损失。我上次见到习主席,与他面对面,我谈到了超级稻,请他来看看,他没有表态来还是不来。我估计他会来的,江泽民、胡锦涛都来过的。"(2018 年 4 月 12 日,中共中央总书记、国家主席、中央军委主席习近平考察国家南繁科研育种基地并与袁隆平亲切交谈。)

毛:"袁老师，你认为我们国家这样发展下去，会不会赶上美国？你还记得1992至1993年，我们一起去印度，那时你写了封信给我，讲到当时印度的中产阶级比我们中国的知识分子富裕得多。去年我又去了一趟印度，发现20年过去了，没有多大变化。"

袁:"去年我也去了印度参加杂交水稻会议。印度有些地方变化还是很大的，如孟买、海得拉巴。"

毛:"你还记得彭建英（原来的同事，后来去美国留学工作定居了）吗？她现在美国的北卡，住在我儿子他们生活的那个城市（北卡州的首府罗利）。去年我老婆去美国还到她那里去了，她陪我老婆去纽约等地玩了。"

袁:"她也快60岁了吧？她和丁宪年（也是老同事）年龄差不多。"

毛:"袁老师，我看你身体越来越好，身材好得很。我以你为榜样，现在还做点事，也锻炼身体，否则会衰老得很快。"

袁:"是的，人要有爱好。退休后，晚年要有事情做才好。你知道×××吗？他是老年性痴呆，不认得人了。"

毛:"×××是我本家，算叔叔辈，我春节到黄道奇家，得知×××已经老年性痴呆，熊清泉坚持每天游泳锻炼，身体蛮好。"

袁:"×××住在（中南大学湘雅医学院）附二院高干病房14病室，我在他隔壁住过。三间房子一套间，我也享受了正省级待遇，我想到隔壁看看×××，他们都说，他不认识人了，不要去。他老婆死了很久他还不知道。×××没有什么爱好，下来之后失落感很强。另一个领导退下来后也是失落感很强，他也没有什么兴趣爱好，听别人讲抽烟能防止老年性痴呆，他逢人就要烟抽。"

说着，袁老师拿出一颗糖准备吃。我有低血糖，也带着糖。我也拿出一颗糖，笑着对他说："我也要吃糖了。"

　　袁："你还记得印度的 Ish Kumar（伊希·库玛，1981 年在中国接受培训，后来成为杂交水稻专家）吗？"

　　毛："怎么不记得，也是个'精怪'，还是你喊出来的。"

　　袁："去年我在印度时见到他。我们八年没有见面了，他说我没有任何变化（脸上露出得意之情）。"

　　毛："你确实没有什么变化，兴趣爱好广，下棋、打麻将、游泳。"

　　袁："我还游泳。过几天中心的游泳池又要灌水了。How young are you？"

　　毛："我 66 岁了。过两天是我生日。我记得，你 66 岁时身体比我现在好得多。"

　　袁："你的生日到了，那我要送你一件生日礼物啊！送你一件衣服好吗？"

他说着站起来走到他的衣柜旁，翻找衣服，估计也是别人送给他的。

　　毛："你的衣服我穿不得，不要你送礼咯！"
　　袁："你喜欢喝茶吗？我送你茶叶好吧？"
　　毛："袁老师，我不喝茶的。不过你送给我，我当然高兴。"

他走到隔壁的杂物间，找到一袋安化黑茶递给我。我叫来小伍，让她给我和袁老师照了几张合影留念。

袁："我们两次去印度，对吗？还有去孟加拉国。"

毛："是的。还去菲律宾、缅甸、以色列。在孟加拉国，你还在当地中餐馆请客为我庆祝生日。"

袁："你还记得我们在西贡住过的家庭小旅馆吗？"

毛："你搞错了，是在缅甸仰光，印度人开的家庭旅馆。"

袁："哦，是在仰光。我们去买手表，5美元一块的电子表。"

毛："那是到仰光华人商业区去买日本的卡西欧电子表。我买一块给我儿子，你买一块给邓老师。"

袁："当时你出个鬼点子，让我们换一种方式。以我的名义把你买的表送给毛大治，以你的名义把我买的表送给邓则。"

毛："我还要你写了一段勉励的话，连表一起送给毛大治的，记得吧？"

袁："记得。你什么时候再去美国？"

毛："今年10月份以后去。毛大治他们下个月又要添一个孩子了，我们要去带孙子。袁老师，你的五一（袁隆平的大儿子）快做爸爸了吧？"

袁："他爱人去美国学习去了。"

毛："五三（袁隆平的三儿子）他们都还可以再生一个小孩吧？"

袁："不要再生了，我无所谓。"

毛："我认为中国人口老年化问题日趋严重，保持人口稳健增长对将来有好处。记得去年，你对我讲过，想要我陪你去趟菲律宾，后来怎么样？"

袁:"去年我去了菲律宾,参加了菲律宾首届国家杂交水稻大会——National Hybrid Rice Congress,见到了张昭东他们。我告诉你,菲律宾表现得最好的杂交水稻,还是中国的组合。"

毛:"中国的杂交水稻在东南亚国家多表现不错。我在印度尼西亚、巴基斯坦都看到'Longping-1'和'Longping-2'产量很高,表现好。"

见时间不早,我提出告辞,他也不留我吃午饭,我们之间用不着讲客套。我如果去吃,他两口子的饭菜就会不够了,他知道我是一个"big eater"(吃得多)。一起出差的时候,他就总是关照我,要我"没有菜,饭要吃饱"。挨过饿的我们,对"吃饱饭"是深有体会的。

共同奋斗篇

- 湘浙之争，各有建树
- 建「军」之初
- 袁隆平的「八大金刚」
- 「精怪王」
- 袁隆平的秘书们
- 德国鼻子
- 杂志问世
- 国家工程中心的成立
- 「隆平高科」的「胚胎」
- 第一次国际会议

湘浙之争，各有建树

二十世纪六七十年代，设在菲律宾的国际水稻研究所领导的"绿色革命"，即水稻矮化育种的成功，对全球水稻研发起到了重要的推动作用。当时，中国之外的许多水稻主产国都建立了国家水稻研究所，他们都是通过国家水稻研究所直接与国际水稻研究所对接的。

相比之下，我国水稻种植面积虽少于印度，但总产量高于印度。作为世界最大的水稻生产国，我国幅员辽阔，拥有不同的水稻生态区和十多个主产省份。这些省份也都建有水稻研究所等研究机构，虽各有特色，但力量分散，缺乏竞争力。当时尚未建立一个统一对外联系的国家级的水稻研究所。但是，许多国家，包括菲律宾、印度、印度尼西亚，都有本国的国家水稻研究所或中心。

国际水稻研究所的成功，使得我们国家产生了建立国家级水稻研究所的打算。在20世纪80年代初，国内开始酝酿这件事了。当时许多省份都想争取把国家水稻研究所建在自己的辖区内。后来，竞争就集中到了水稻栽培历史悠久的浙江和号称"鱼米之乡"的湖南两省。

可能当时考虑到交通的便利与教科文水平的高低，最后，定名为"中国水稻研究所"的国家水稻研究所选址在了浙江杭州。湖南落选了。

湖南因为是"杂交水稻的发源地"，就有了建立国家级杂交水稻研究中心的打算。这也就是后来成立的"湖南杂交水稻研究中心"。没有"省"字的原因，是考虑到了它的国家级地位。

在行政上，这个中心隶属于湖南省农业科学院。在行政级别上，该中心主任为副厅级。这为该中心后来升格为"国家杂交水稻工程技术研究中心"，实行"一套人马，两块牌子"留下了余地。但是该中心没有法人，也没有公章，只是国家科技部的一个平台，而"中国水稻研究所"则是隶属于中国农业科学院的法人单位。

1983年前后，"中国水稻研究所"和"湖南杂交水稻研究中心"这两个拟建立的"国家级"水稻研究机构，先后在国家层面"挂了号"、立了项。"中国水稻研究所"在行政和业务上都由中国农业科学院管理。这两家单位都是学习国际水稻研究所的经验，挂牌的同时开始建设。"湖南杂交水稻研究中心"挂牌成立的时间是1984年6月15日。

湖南和浙江之间的科研竞争就暗地里开始了，双方都铆足了劲。中国水稻研究所是由当时浙江省副省长李德葆亲自抓的单位，他在1986至1988年期间，亲自兼任中国水稻研究所所长一职。

湖南这边，省领导从安江农校调袁隆平担任中心主任，时任湖南省农科院水稻研究所所长陈一吾研究员兼任中心副主任。袁隆平也兼任湖南省农科院水稻研究所副所长。

中国水稻研究所的建设大体上是参照国际水稻研究所的布局形式，建筑物的功能、风格，下设管理和研究机构等也类似。国际水稻研究所还派了人到杭州指导协助，包括设计、施工及仪器设备的购置等。

为了尽快将中国的杂交水稻技术通过国际水稻研究所向全世界传播，1980年代初，国际水稻研究所经常邀请袁隆平去该所做合作研究、给培训班讲课。而我当时正在菲律宾攻读硕士学位，就此与袁隆平相识。

我们那批一共四个人，包括浙江省农科院的汤圣祥、上海市农科院的陈建民、江苏省农科院的金之庆和湖南省农科院的我。我们通过全国统考，于1981年10月，被国家公派到菲律宾国际水稻研究所攻读硕士学位。后来三人学成归国。汤圣祥去了中国水稻研究所，我则被袁隆平调到了湖南杂交水稻研究中心。幸运的是，我和汤圣祥是同一个导师张德慈的硕士生，共同参与和见证了我国两个水稻"国之骄子"机构的建设和发展历程。在这之前，我和汤圣祥还一起参加了云南稻种资源考察。

湖南杂交水稻研究中心以科研大楼为标志的主体建筑，于1985年12月26日落成了！

这里，我要补充的是，当时购置的仪器设备可是最先进的啊！那时国家在还不富裕的情况下，花了大量的外汇买来，可见国家对水稻、对粮食的重视。

中国水稻研究所的建设也在日夜兼程向前赶。1987年9月22日的《浙江日报》在头版报道了"中国水稻研究所部分建筑物落成"的消息。时任国家农牧渔业部部长的何康和国际水稻研究所所长斯瓦米纳森博士出席了落成仪式。我和袁隆平也去参加了落成典礼。在该研究所大楼里，我看到了一幅国际水稻研究所赠送的大幅壁画，上面绘有袁先生的画像，画像与袁先生本人的精气神很相符。我就拉住袁先生，在壁画前合了个影。

在与中国水稻研究所的竞赛中，湖南杂交水稻研究中心在两个单项上赢了。

第一个，是湖南杂交水稻研究中心的《杂交水稻》杂志，1985年通过油印的形式出了一年六期试刊，第二年就正式发行了。该杂志成为世界上第一份杂交水稻方面的专门杂志。中国水稻研究所的刊物《中国水稻科学》是1986年才开始创办的。

第二个，是湖南杂交水稻研究中心于1986年10月，与国际水稻研究所一起，成功举办了世界首届"杂交水稻国际学术研讨会"。中国水稻研究所虽不甘示弱，于1987年9月与国际水稻研究所举办了"国际水稻研究会议"（IRRC），规模和前者差不多，但毕竟慢了一步。让我深感欣慰和自豪的是，在这两项比赛中，我作了一些贡献，得到了袁先生和大家的认可。

在建设速度上，湖南赢了浙江；但在规模和落成时的气势上，湖南比浙江就逊色一些。从此，我们国家在水稻方面的两个国家级机构就比翼齐飞，为中国和世界的水稻事业不断作出贡献。今天，这两个研究所（中心），已经是世界知名的水稻研究机构了。由于有了这两个国家级的水稻研究机构，中国从一个水稻大国逐渐成为世界水稻强国，连国际水稻研究所都经常要与这两个中国科研机构开展合作。

建"军"之初

一个人的寿命顶多也就百年左右，要想从头至尾经历些翻天覆地的事情，还真要靠运气，看生在哪个时代，有没有机会和缘分。清朝的人不可能参与明朝的事，现在的人不可能参与古代的事，也就是说，历史不能重演。

但是，有些事是可以类推的。比如，湖南杂交水稻研究中心成立之初，人员架构及组成、实力的壮大过程，还真和中国工农红军建立初期有异曲同工之处。不信您看：

20世纪80年代初，在中国的浙江杭州，一个水稻革命根据地——中国水稻研究所成立，之后慢慢成长壮大。

在湖南的长沙，一支由一个名叫袁隆平的人统领的队伍，建立了另外一个水稻革命根据地——湖南杂交水稻研究中心，随后也在慢慢成长、壮大。

到如今30多年过去了，中国杂交水稻革命的熊熊大火，已经红遍中国，燎燃世界。

让我们回到建"军"之初的1984年。

1984年6月15日，湖南杂交水稻研究中心成立，刚开始定编70人。当年9月1日统计，时有干部36名，其中行政干部4名、技术干部32名。在32名技术干部中，有2名研究员、1名副研究员、17名助理研究员、7名研究员实习员和5名技术员。

在当时，湖南杂交水稻研究中心算是实力很强的一个研究所。当时湖南省农科院全院下属九个研究所，1700多人，副研究员以上含副研究员才26人。

当时中心的研究机构设置，相当于红军的"团"吧，一共有五个研究室：一、育种研究室，下设六个研究组，分别是早稻、中晚籼、粳稻、优质米、区试、鉴定组；二、栽培研究室，下设吨粮、组合搭配、新组合试种组；三、制种与资源研究室，下设新组合制种技术、品种资源收集保存组；四、基础理论研究室，主要从事杂种优势预测研究；五、情报资料技术输出研究室。实力最强、人员最多的是育种研究室。

各个室的领军人物分别是：育种研究室，袁隆平（兼）；栽培研究室，周学明；制种与资源研究室，朱运昌（兼）；基础理论研究室，邓鸿德；情报资料技术输出研究室，李馨。袁隆平来自安江农校，李馨是专门从云南省农科院调过来的，其余三人都是从原来湖南省农科院水稻研究所室主任位置调配过来的。

这支新成立之军，指挥员力量很强，但战斗力如何，就要看"连排长"和当"兵"的了。中心当时有17名助理研究员，包括所谓"八大金刚"中的大多数都是助理研究员，他们年富力强、经验丰富，只是受职称和名额限制，没有晋升的机会罢了。

中心后来为什么育种成果那么多？就是因为它拥有一支人数较多、实力很强的特殊"游击队"，这就是中国水稻研究所可能没有的"学员大军"。学员是一种非正式编制人员，是从全省各地请来的农村青年，他们懂一些基本农业技术，被招收到中心以跟班学习的形式，随班某个技术干部主要从事田间技术性劳动，如育种过程的杂交等。

学员是流动性的，他们能吃苦耐劳。中心基本上常年有二三十个学员。助理研究员以上职称者可以请学员，一般一人一个，顶多两个。主要科研骨干有一两名助手，可以是研究实习员或技术员，再下面就是一两名学员。他们组成战斗小组，实施具体的科研课题或项目，有经费保障。

除了以上战斗部队外，还有行政后勤保障部队。麻雀虽小，五脏俱全。这部分有一两名专职党政领导分管，人事、政工、后勤、财务人员都有，只是尽量精简，互相兼职。中心还有一个人数较多的田间生产队，这是由湖南省农科院水稻研究所按比例划过来的一部分，同时解决中心建设占地的拆迁户工作问题。这批人必不可少，试验田的基本农活就由他们负责。

1984年9月20日以前，新成立的湖南杂交水稻研究中心在湖南省农科院，主要是在水稻研究所的主导下，按照农科院下面研究所的建制结构，做出机构与人事安排，包括中心与水稻研究所的领导互相兼任对方的"第一副职"，例如水稻研究所所长陈一吾，就兼任杂优中心的第一副主任。

袁隆平是一个不太喜欢纠缠人际关系的人。他喜欢自由自在搞科研，他不太喜欢在决策、措施上受制于其他人，但是合理的建议除外。论资历，论能力，陈一吾也是一流的，尤其是他的知识丰富，口才好，英文很流利，他在常规水稻研究方面比较精通，在杂交水稻研究方面也有建树。他于1972年开始研究杂交水稻，还和袁隆平等人一起获得过国家特等发明奖。但是，他没有袁隆平那么丰富的实践经验。

记得我国将杂交水稻技术转让给美国之后，美方要中方派专家去指导。农业部中国种子公司便派遣袁隆平、陈一吾和湖南省慈利县良种场场长杜慎余三人一起到美国西方石油公司下属种子公司去。陈一吾和杜慎余在美国一连干了两年。袁隆平因为是国内水稻研究领军人物，杂交水稻科技攻关担子重，很快就回国了。

⊙袁隆平与"八大金刚"们在白天田间辛苦劳作之余,晚上下象棋休息。(左起:陈秋香,罗孝和,袁隆平,张慧廉)

⊙1985年,袁隆平(中)与罗孝和(右)及笔者(当时年龄分别是50多岁、40多岁、30多岁)合影。

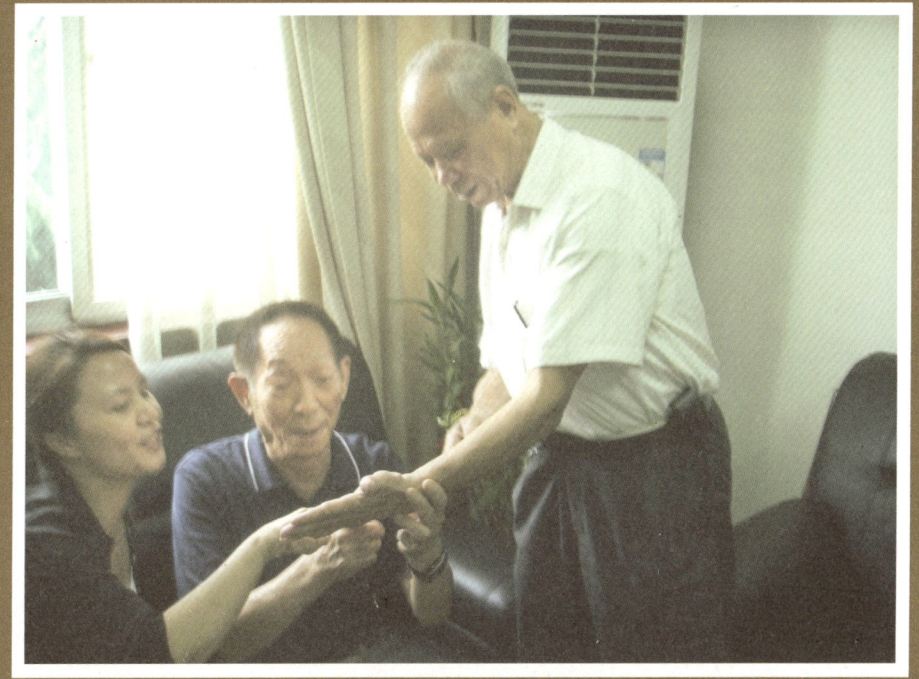

⊙2009年的一天,袁隆平和罗孝和相聚交谈。

袁隆平、陈一吾互相兼任湖南省农科院水稻研究所和杂优中心副职是农科院领导的决定，当时是有道理的，也起到了积极作用。1984年8月28日，我们开核心会议时，袁隆平提出，他和陈一吾都不要兼任副职了。一是他没有时间过问湖南省农科院水稻研究所的事；二是在技术路线上，两人有时分歧很大，怕影响整个攻关方向和策略。

随着形势的发展，中心人员安排进行了一次"三湾改编"。情况是这样的：9月20日晚上，在袁隆平的住房内召开了所务会议，参加人有袁隆平、邓天锡、周坤炉、邓鸿德、张慧廉，朱运昌缺席。会上讨论了袁隆平让我起草的《湖南杂交水稻研究中心机构改革方案》。袁隆平高瞻远瞩，在国际水稻研究所待的次数多、时间长，觉得新成立的杂优中心要以国际水稻研究所为标杆，让杂优中心发展成一个高水平的研究机构。

袁隆平宣布人事调整：周坤炉分管党务政工，邓天锡分管行政后勤，我为主任助理兼办公室主任，协助袁隆平分管科研管理。情报资料技术输出研究室还是由李馨任主任，增加黄志强任副主任，分管技术输出。邹旭为办公室主任，主管后勤与田间生产。袁隆平不再兼任育种研究室主任一职，王三良和张慧廉分别任育种研究室主任和副主任。经农科院领导同意，陈一吾不再在杂优中心兼职。

第二天召开全体职工大会，袁隆平宣布了所务会议的决定和人事任免，还宣布了中心学术委员会的名单，由八人组成：主任袁隆平，副主任邓鸿德，秘书李馨，成员有周坤炉、周学明、王三良、朱运昌和我。

他还一再说明，主任助理的权力是在主任、副主任之下，在室主任之上。次年，也就是1985年，我就被正式任命为分管科研和外事的副主任，工作担子和压力重了许多，和袁隆平一起工作的时间更多了。我必须不折不扣地理解他的科研战略和思路，才能很好地贯彻他的各种意图和安排。

袁隆平基本上很少在长沙，要么在安江，要么在国内外出差、开会。我们之间常以电话、电报、传真和书信联系。至今我还保留着他写给我的一些信函，这都是非常珍贵的资料。

袁隆平是一个非常睿智的人，他做什么事都是经过深思熟虑的，有时显得"大智若愚"。在旁人看来，他是不按套路出牌的那种人。从他对安江农校到湖南杂交水稻研究中心战略转移的安排上可见一斑。

他知道，在安江农校那么一个偏于一隅的小地方，要把杂交水稻事业做大，几乎是不可能的。他必须找到一个适合的地方，构建一个大平台，且不说国际视野，起码在全国能有影响力。

最后，湖南省会长沙成了他的最佳选地。它是"鱼米之乡"的省会，也是杂交水稻发源地，名正言顺。到长沙，他可以挂靠到湖南农学院，但是那里是以教学为主的地方，他原来只是一个农校老师，去那里免不了还要以教书育人为主，压力会更大。如果挂靠到农业厅之下，就做不了科研，只能以推广为主。

湖南省农科院是他的最佳选择，那里本来就是搞科研的地方。湖南省农科院水稻研究所有一帮人在做杂交水稻研究，他们还一直是袁隆平的合作者。那就直接调动工作到湖南省农科院水稻研究所，领导杂交水稻研究，不是很好吗？把家属都调到长沙，安排工作，不是皆大欢喜吗？如果那样，袁隆平也就如同许多基层科技人员一样了。

可袁隆平不一样！袁隆平选择了在湖南省农科院建立一个新的研究所，专注于杂交水稻研究。

在湖南杂交水稻研究中心成立后，袁隆平并没有立即将安江农校的原班人马或研究力量全部并到中心，而是只带来了部分助手，如尹华奇、张桥、孙梅元等，他们也是陆陆续续调过来的。他留了一部分力量在安江农校，继续在他的指导下做杂交水稻育种等研究。后来，这部分留下的力量，在关键时期还真起了大作用！用袁隆平常说的就是"东方不亮西方亮"。比如，邓华凤培育出的"安农 S 两系不育系",发挥了重要作用。袁隆平先后将全永明、邓华凤从安江农校调到杂优中心担任领导和科研骨干。

袁隆平深知,湖南省农科院可以为杂优中心提供有力的行政资源支持。事实证明,在后来的很多年里,湖南省农科院几乎是把主要的行政和后勤资源都给了杂优中心和袁隆平团队。这样一来,湖南省农科院的威望和影响力也得到了极大的提升,杂优中心也在湖南省农科院的呵护下茁壮成长。

事情过去 30 多年了,回过头来看,湖南杂交水稻研究中心的建立,袁隆平举家搬到长沙,还留一部分人员在安江农校,像是将杂交水稻研究主阵地迁到了长沙。队伍也从"游击队"发展成了多兵种的"集团军"。杂交水稻研究实现了大发展。

袁隆平的"八大金刚"

外界一直传,在湖南杂交水稻研究中心,袁隆平手下有"八大金刚"。是的,没错,"金刚"是有,却不止八个。

我一直认为,袁隆平先生领导艺术的高明之处在于他充分领会并且践行了"打起仗来,指导员和炊事员也能扛枪打敌人"。他在科研领域实践了这一战略思想,使得做科研的懂管理,做管理的也懂科研,更懂得管理。在袁先生的口里就是"东方不亮西方亮",歪打正着出成果也是好事。他不怕"山头"多,对于一两个人做一个课题,他也支持,并且想方设法给予一定的经费。正是这样,中心人人有课题,个个有成果,只是成果大小不同而已。

还有一点,就是对"金刚"们委以重任。中心的所谓"八大金刚",先后成了业内各统一方的领军人物。有的牵头做国家项目,有的则负责统管全省某一领域,或是在本中心分管一块业务。

当时,就杂交水稻而言,湖南杂优中心的育种力量最强。王三良,在中心内部是籼稻育种室主任,在国内负责全国攻关协作;张慧廉,负责湖南省杂交水稻育种的攻关协作；粳稻室，由朱运昌负责，干将有罗孝和、周承恕；张健，负责内部品比，分管省区试；黄志强，分管全国区试；周坤炉、尹华奇负责籼稻育种，在不育系、恢复系和组合选育上各有侧重；唐传道、郭名奇迟几年调到中心，也是以做育种为主；舒呈祥、何顺武，负责制种和开发；罗崇善是资源室主任，掌管收集、研究和提供全国范围的种质资源；邓鸿德、黎垣庆，以基础研究为主，黎垣庆还负责育种；周学明、廖瑞靖、熊绪让、黄策群、李卓吾，负责栽培示范。

"八大金刚"来自不同的地方，主要是从湖南省农科院水稻研究所过来的；其次是从全省范围抽调来的，如周坤炉、张慧廉等；还有就是袁隆平先生从安江农校带过来的，如尹华奇等。袁先生对他们一视同仁，和他们相处得非常融洽。

中心科研任务确实很重，承担有国家"863"、国家自然科学基金、国家杂交水稻协作攻关、湖南省杂交水稻协作攻关、国内横向合作、国际合作、湖南省农科院院长基金项目、所长（袁隆平）基金项目。

在科研管理上难度也很大，尤其是要协调好"八大金刚"的工作确实不容易。

袁先生任命我这个当时 37 岁，刚在国外获得硕士学位的人当他的副手，分管中心的科研和外事。对我而言，最难的就是与"八大金刚"们打交道。论年龄，除个别人之外，大部分都比我大；论资历，大多数比我深；最要紧的是，各路金刚都有赫赫战功，大多是在杂交水稻方面有成果的人。有时他们之间甚至都互相不怎么买账的。好在我脸皮厚、胆子大，有袁先生力挺，也就不太害怕，加上年轻，身体吃得消，慢慢熟悉并喜欢上了这份工作。

我到中心时，中心三栋宿舍楼刚落成，办公大楼还在建设中。部分宿舍住人，部分宿舍用来办公，有的宿舍又住人又办公。袁先生的办公室就是他的临时住房。当时他家还在安江农校，他隔段时间来中心一次。

稻济天下 / 袁隆平鲜为人知的故事

凡是要找"金刚"们，我一般都是到田间或他们家里，好在试验田不远，骑自行车或走路也还方便。如果试验田里没有，我就在三栋宿舍楼附近大声喊他们的名字，只要有人答应了，我就会去他房子里找，商议事情，解决问题。催交计划或总结，传达袁先生的一些布置，听取他们的意见，收集起来汇总给袁先生，这些是我工作的主要内容。

讲起这三栋宿舍楼，还有个笑话。每栋楼、每套住房面积都有差别。分配房子时，只能按人员级别和具体情况来安排。最后，形成了一个看上去与级别挂了钩的"高、中、低"差别。

这三栋楼里有一栋号称"饿鬼楼"[①]——年轻人、初级职称的大多住在这栋楼。30多年过去了，当时"饿鬼楼"中的大多数现在已是中心的骨干了，如罗闰良、马国辉、廖伏明、徐秋生、裴佑良等。

三栋楼的住户们由于年龄、级别、生活习惯方面的不同，加上三栋楼之间的距离太近，也偶有矛盾。有些小青年们晚上打牌，吵闹声大一点，对其他两栋楼的人睡眠有影响。

1987年6月22日早上，我刚上班，李馨、张健和罗崇善就来"告状"，说他们被几个年轻人吵得通晚睡不好。后来我找这几个青年谈了话，就再也没有出现过类似情况了。现在这些年轻人都是大名鼎鼎的杂交水稻"达人"了，比如人见人爱的龙和平，还有邓应德、刘建宾、张克明和白德朗。

30多年过去了，早期的"金刚"们基本上都退休了，一批又一批新的"金刚"们产生了。那些当年被老"金刚"们投诉的年轻人，成了中心科研和管理的骨干，坐上了"金刚"的位置。中国杂交水稻科研力量长江后浪推前浪，确保了我国水稻生产"藏粮于技"的优势。

[①] "饿鬼"代指刚参加工作、工资不高、孩子小、负担重的年轻人。此为玩笑话，据说袁隆平先生还挺喜欢这样的说法。

现在回想起来,袁隆平领导的事业在当时那么困难的情况下能发展壮大,"八大金刚"功不可没。袁先生的用人之道真是非常高明!

又见当年老"金刚"

"精怪王"

在袁隆平眼中,有一种人是"精怪"。所谓"精怪",是指这个人很精明能干,会出点子和主意,哪怕是鬼点子、馊主意。"精怪",既有褒义又有贬义,但褒义是主要的。

被袁隆平戏称为"精怪"的人不多,印度一个,中国五个。印度那个,是伊希·库玛(Ish Kumar)博士,他1981年到长沙参加国际水稻研究所和湖南省农科院共同举办的"第二届杂交水稻国际培训班",时年36岁。从那以后,他就与杂交水稻、与袁隆平结下了不解之缘。后来,不管是袁先生到印度去,还是他到中国来,两人都要相聚畅谈。

2018年,第十届"袁隆平农业科技奖"一共有六人获奖,其中就有印度的伊希·库玛博士,还有日本的池桥宏先生,他们都是为杂交水稻研究作出了贡献的外国人。伊希·库玛博士和他的夫人来领奖,其间感受颇深:他在印度还没有得到这么高的荣誉,但是在中国,他荣获了"袁隆平农业科技奖"。2004年9月9日,伊希·库玛博士和他的夫人,应邀来参加"杂交水稻40

年、湖南杂交水稻研究中心成立20年"双庆活动时去怀化参观，他夫人还穿上了怀化少数民族的服饰。

中国的五个"精怪"，都出在湖南杂交水稻研究中心。

第一个是为袁先生开车几十年，基本上没有出大事故的司机戴牛松。2011年他本应退休时，袁先生返聘他直到2015年。他后来升了处长。在提升前，一般人称他为戴司机，客气一点的称他为戴师傅，但中心几乎所有的人都称他"戴牛"。

在中心建设早期，他是很辛苦的，既是司机，又是袁老师的生活秘书。袁隆平一家在搬到长沙前，经常往返于长沙和安江之间，基本上都是"戴牛"开车接送，而且随叫随到。那时，他家住得离中心不远，很多次都是我清早到他家叫他，告诉他袁先生马上要用车，他都是二话不说就动身。那时从长沙到安江，早上出发，傍晚才能到达。早年，袁先生有些病痛，都是他去请人为袁先生治疗。

第二个是袁隆平的硕士研究生李继明，湖南常德人。他聪明、机灵，做

2010年2月1日《广西日报》刊登的一篇题为《袁隆平称他为"大精怪"——记广西农科院研究员毛昌祥博士》的文章。此后在方志辉写的"和平的狮子袁隆平丛书"首书《稻可道》（2015年出版）第三节中，也有一个故事——"精怪"毛昌祥。我作为袁隆平认可的"精怪"是很自豪的，毕竟有"精"和"怪"两个可以值得推敲和发挥的含义。如今人老了，希望还是一个老"精怪"。

事干练。袁先生有好几个硕士研究生毕业后留在了中心从事科研，只有李继明留在他身边做管理、做秘书。后来他到美国读博士，毕业后留在了美国，继续做育种方面的研究。

第三个是刘建宾，他在成果转化、产业化方面作出很大贡献，后来担任产业处副处长。

第四个是彭既明。这个人从外表看就是一个"精怪"，很早就秃顶了，留着一撇改革开放前国内少见的八字胡。他是多面手，也是以做成果转化、产业化为主，是产业处处长。

当然，最后一个就是我了。袁先生虽叫我"精怪"，但是骂得也多，当我出的点子没有他想的好时，他就会骂我"坏家伙"、臭点子、馊主意等。不过，在袁先生多年的调教下，我真还慢慢"精怪"起来不少，学会了为人处世中的一些技巧，以及宏观微观思维的一些道道。

既然有五个"精怪"，就会有人去排顺序，排来排去，可能因为我年岁最大，被排了个"大精怪"。后来，袁先生有时候就直呼我为"大精怪"。其实，我也乐得美，心想，"袁隆平奖励基金"奖励了那么多人，我们一共才五个，世上物以稀为贵，我们这些"精怪"也是很有价值的，尤其是被袁隆平认可的，至少是为袁隆平和他的事业出过力的。

领导着这么多"精怪"，又能将他们管理得服服帖帖的人，应该是"精怪"们的师父吧，这个"精怪王"应该是袁隆平才对。估计读者们看到这里也会默默赞同的。不错，袁隆平就是一个"精怪王"，而且是世界级的"精怪王"。

也许您会问我："毛博士，我能不能成为一个'精怪'？"答案是肯定的！只要您看完这本书，学习袁隆平的为人处世方式，就有可能成为"精怪"。要成为"精怪王"，那就要难许多，不过也是有可能的。

努力吧，向成为"精怪王"奋斗！

袁隆平的秘书们

袁隆平本是一个偏远地区农校的教师，教书育人很是清苦，还要带领一帮人做中国前所未有的"杂交水稻"研究，凡事都得靠自己，或是靠一起做研究的助手们。秘书？没有！也用不着。

后来，袁隆平有过好几位秘书，不过有的只能算"助手"，真正以"秘书"称呼的并不多。袁隆平 50 多岁才出名。那是他从安江农校往省会长沙"乾坤大挪移"的时候。

1988 年初，湖南省政协换届，袁隆平被推选为新一届省政协副主席。自从当上湖南省政协副主席后，袁隆平就有了正式的秘书。

我是在湖南杂交水稻研究中心成立后不久就加盟袁隆平团队的。在我印象中，他的第一位"秘书"要算是他从安江农校调过来的张桥。张桥的丈夫是在长沙市工作的民警。张桥上有老下有小，父母都在长沙市，刚出生不久的儿子唐伟离不开她。袁老师的事情又特别多，每天搭公交车来回跑是不行的，所以中心就给她安排了一个小套间，与临时安排作为袁隆平住房兼办公室的房子在一栋楼，只是不在一个楼层，工作上较为方便。

  袁老师在中心办公的时间越来越多，他的生活难有规律，经常出差在外，出门、回家都没有固定的时间。他开会需要的材料，基本都是他自己起草，秘书要将文字草稿交到文印室打印、修改，再打印装订成册。此外，还要收信函、接电话、发电报和传真、将文件资料归档、报销出差费用等，要做的事情很多，也很杂。

  张桥的优点是做事认真，效率高。她是从安江农校过来的，对安江农校的情况熟悉，便于将安江农校和杂优中心的事对接。张桥还是"袁隆平农业科技奖"基金的办事人员，直到现在，她还参加每一届评奖、颁奖的有关工作。

  我认为，在袁老师全家还没有搬到长沙之前，他在安江农校也有一个类似秘书的助手，我估计可能是罗利民。这也是情理之中的事，也许罗利民只是学校分管文秘的一位老师，但是袁隆平在安江农校的许多事，也是需要有人协助他办理的。1987年12月21日，袁隆平从安江农校写给我的一封信里提到，特派罗利民同志来中心跑"龙套"，协助办理申报国家科学技术进步奖事宜。

  有一段时间是万宜珍协助袁老师。万宜珍是湖南常德人，她非常能干。2001年，万宜珍陪同袁老师和世界著名水稻专家、国际水稻研究所育种系主任库西博士到广西，受到了隆重欢迎和高规格接待。万宜珍的特点是做事主动，肯动脑筋。后来她一直担任杂优中心专利处处长一职。

  当袁隆平的"秘书"时间最长的要算辛业芸，而且是以"秘书"直接称呼的，大家都叫她"辛秘书"，称呼她名字的反而很少。2014年冬天，当时我和妻子在美国带孙子，但一直和辛业芸保持微信和电子邮件联系。12月19日那天，我收到辛业芸的微信："变天了。袁隆平去海南过冬了。我不用再跟他了，即从12月1日起，我不再当袁隆平的秘书了。杨耀松当。"

杨耀松也是我的好朋友，他开始是调到湖南杂交水稻研究中心从事杂交水稻国际开发，有丰富的国际事务处理能力，后来袁隆平正式任命他为秘书。

说实在的，我也算得上是袁隆平的半个秘书。我们在印度和缅甸做联合国粮农组织顾问时，我基本上是为他做秘书工作。在菲律宾工作时，我也协助他进行对外联系、作开会记录、写各类报告，还要与国内沟通、发传真、打国际长途电话以及写项目总结报告等。

袁隆平不要秘书可以吗？不行！袁隆平的事业涉及的范围太广，他在国内及国际的地位和影响力很大，要处理的事情太多，牵涉国家层面的也很多，所以袁隆平需要秘书。他本人也是离不开秘书的。他至今不会用电脑，也很少用智能手机。随着年龄的增长，白内障使得他视力越来越差，且听力也下降，没有秘书更不行了。

德国鼻子

王精敏,何许人也?他是湖南杂优中心资深摄影师,一直到如今,他还常为袁隆平有关的活动摄影、录像。

作为一个有百十来人的单位,加上袁隆平这样有影响的知名人士,各种活动频繁,而且大多是重大活动,杂优中心必须要有一名优秀的摄影师才行。摄影、录像,每天的工作量也不算大,但忙起来、急起来,那就是要加班加点,时刻追随袁先生等人到处跑。

王精敏是摄影专业的吗?不是。他文化程度也不高。他父亲王谷成是湖南省农科院水稻研究所的田间工人,当过工人生产队队长,大家就一直叫他王队长。

当然,中心是想有个既懂杂交水稻技术,又懂摄影的人长期负责摄影。可哪一个技术干部愿意做这个工作呢?王精敏是以生产队工人的身份安排到中心的。让他负责摄影,也是袁隆平用人策略的一个体现:不拘一格,能干就行,不管是白猫还是黑猫,能抓住老鼠就是好猫。

王精敏肯学，也肯干，他很快就掌握了摄影技巧。他拍的照片被媒体、展览采用不少，其中不乏精品之作。

王精敏人不出众、貌不惊人，但有个特征：他有一个西方人常见的鹰钩鼻子，而且还比较大。这引起了我的兴趣！别人可能难为情不好意思问，我偏问了他。他开始很害羞不说，后来才告诉我，他外婆是德国人。

嘿！这就对了。这个人"精敏"的遗传基因找到了。我认为，王精敏从他德国外婆那里遗传到的应该不只是鼻子这个基因，一定还有其他一些外表看不见，但是给他智慧和能力的基因。

王精敏常为别人摄影，可很少为他父亲摄影。我倒是很喜欢他父亲的，只要见到他父亲，总要热情地打个招呼。我有一次在湖南省农科院公交站碰到了王队长，和他一起合了个影。后来，我把他这张照片给了王精敏，他特别高兴。

其实，像王精敏这样，"背景"一般、起点也低的人在袁老师手下被重用的大有人在。这是袁老师最高明的用人之策，即"用人唯能"。杂优中心有好几位技术骨干，都是中心在从农村招来的学员中发现和培养的，最典型的如陈秋香、王成和等。

袁老师对能干的人也是用人不避亲，职工的亲友可以介绍到中心来做学员，或是调来中心，只要是中心需要、本人又能够承担交给的工作任务的人，他都愿意接收。

实践出真知。袁隆平自己是这样的人，他对手下的人也是这么要求的。最近几年，我将几十年时间里拍摄、收集、保存、整理的许多照片，自己设计、排版，居然也制成了几本纪念相册，如《今世缘》《袁隆平的亲笔信》和《不负韶华》等。其中，《今世缘》是将我和袁隆平四十多年的交情，用照片配以简单的说明文字做成的一本相册。当我拿给袁隆平看时，他连说几声"excellent"（精彩）。

杂志问世

1985年9月27日下午,全国杂交水稻"六五"攻关验收组,在湖北省农科院召开全体会议,会上专门讨论了《杂交水稻》杂志的事。该杂志最早开始立项时,是由"全国杂交水稻研究协作组"和"湖南杂交水稻研究中心"共同主办的,1986年要正式发行。

在会上,我特别强调,这份杂志是属于杂交水稻事业的,而不是只属于湖南杂交水稻研究中心的,希望大家群策群力办好这份杂志,使之成为我们的"喉舌"。经大家提名,我们反复协商,最后确定了31名编委会成员,个个都是国内杂交水稻界的权威人士,编委会主任是袁隆平。

为了办好这份杂志,我们还做了一个尝试,由编辑部的几个人,在1985年出了一年(六期)油印版的《杂交水稻》,目的是为以后的正式出版发行积累经验。

今天回过头来看,我们当初的尝试也是蛮有意义的。我们印刷的份数不多,主要是发给中心的人。杂志刊载的文章也是以中心科研人员写的为主,

⊙ 2013年7月19日上午,袁隆平参观南宁五塘新品种杂交水稻示范基地。他步步生风,走得比年轻人都快。

⊙ 2004年3月15日,70多岁的袁隆平开车出车库。

⊙ 三个好朋友再次见面,友谊天长地久(右一为库西先生)。

为鼓励大家写文章,我们象征性地给了点稿酬。我们谁也没有办杂志的经历和经验,只好摸着石头过河,参考其他杂志的模样。既然是创刊,那就要有《发刊词》,可是我们没有准备,就将《袁隆平主任在湖南杂交水稻研究中心成立大会上的发言》作为《代发刊词》放在了第一期上。

包括袁隆平的《代发刊词》在内,这一期总共只有6篇文章,其中有我和黎垣庆、罗崇善合写的《杂交水稻在优质米开发中的地位与策略》一文,还有王承华写的《杂交早稻几个优良组合米质测定结果初报》。所有的文章加起来才不过油印的26页。但是,杂志还是有模有样,主要文章都有参考文献,试验数据的表格都是很正规的。

《代发刊词》的全文如下:

各位领导、各位来宾:

湖南杂交水稻研究中心在党的领导下,在上级有关部门的支持和关怀下,经过一年多的筹备,今天正式成立了。首先,我代表杂交水稻研究中心向前来参加大会的各位领导和来宾表示衷心的感谢。

我国杂交水稻的研究,自1964年到现在整整20年了。20年来,这项研究一直受到党中央和省委的高度重视和支持,被列为国家和我省的重点科研项目。经过广大科技人员和群众的共同努力,1973年这项研究取得成功,70年代中期便应用于大面积生产,获得了巨大的增产效果和显著的经济效益,并在1981年获得了第一个国家特等发明奖。目前,杂交水稻种植面积已占全国水稻种植总面积的20%以上,占湖南省水稻种植面积的30%以上,在粮食生产中占有举足轻重的地位。但是,科学研究是无止境的,从战略上看,我国的杂交水稻研究目前还只能说是处在发展的初级阶段,它还蕴藏着巨大的潜力,还具有广阔的发展前景。

今天,湖南杂交水稻研究中心成立了。它的成立标志着我省杂交水稻的研究进入了一个新的历史时期,这对进一步推动杂交水稻的研究和应用将发挥十分重要的作用。杂交水稻研究中心应以应用研究为主,主要任务是承担有关本省杂交水稻方面的研究项目,同时承担一部分国家下达的研究项目。当前,我国农业正处在由自给、半自给经济向商品经济发展,由传统农业向现代化农业发展的历史进程中。面对这个新形势,我认为研究中心要做好以下四个方面的工作。

第一,围绕选育高产、多抗、优质杂交稻这个中心,开展多项研究工作,特别是争取在短期内育成优质米杂交稻,打入国际市场。同时要将超高产育种和超高产栽培提到日程上来。更进一步,就要进行生物工程在杂交水稻方面的应用研究,比如杂种优势的固定和多代应用。

第二,建设好试验基地,充实和更新仪器设备,使研究手段现代化,为多出成果、快出成果创造有利条件。

第三,要培养和造就一批从事杂交水稻研究的人才,进一步扩大杂交水稻科研队伍。

第四,要做好和兄弟单位的协作,加强学术交流和信息交流,为促进我国杂交水稻研究向纵深发展而努力。

各位领导,各位来宾,湖南杂交水稻研究中心刚刚成立,在人员和设备各方面都不够齐全。因此,殷切希望各兄弟单位、各位专家与我们真诚合作,在各方面予以支持。同时,欢迎大家到湖南杂交水稻研究中心来兼职,与我们共同开展短期或较长期的合作研究,加速出成果、出人才,使湖南杂交水稻研究中心真正成为我省杂交水稻人才培训、情报交流和科学研究的中心。

最后，让我们共同努力，为保持我国杂交水稻研究在国际上的领先地位，为加速我国农业生产的发展作出新贡献。

谢谢大家。

这个主意是我出的，但是得到了袁隆平的支持。从中也能看出袁隆平无拘无束、敢想敢干的精神。估计这套油印版《杂交水稻》杂志现在已经存世不多，我觉得收藏价值很大。

袁隆平对《杂交水稻》的发行非常重视，也感到非常有紧迫感。在油印版试刊的第二年，即1986年，《杂交水稻》就正式发行了。1986年1月8日，湖南电视台记者罗英来到中心，她是专门来采访《杂交水稻》发行一事的。第二天晚上的《湖南新闻》播了这条消息。湖南省农科院领导也很重视，于2月专门召开了《杂交水稻》杂志发行座谈会，参加会议的领导有陈洪新、贺湘楚、袁隆平等，我也参加了。

同年2月，第一期《杂交水稻》正式出版发行。刚开始，杂志是由湖南省农科院主管的季刊，自办发行，每本定价0.54元。这一期是正式的铅字排版，是在湖南省农科院印刷厂印制的，刊登了农业部及中国农科院等领导同志的致辞、题词。

这次的发刊词是时任全国杂交水稻专家顾问组组长陈洪新写的《再接再厉，实现杂交水稻新的腾飞》。该期的第一篇文章是袁隆平写的《中国的杂交水稻》。这篇文章是袁隆平1985年6月在国际水稻研究所举办的国际水稻科研大会上的主题报告，全面概括了我国杂交水稻研究与发展的情况。原文系英文，后翻译成中文，并经袁隆平本人审阅。杂志在自办发行期间要促销，因为经费不足，做不起大广告，只能小打小闹。

由于杂交水稻事业快速发展，《杂交水稻》越办越好，投稿量激增。1987

年 3 月 6 日上午，袁隆平、冯玉秋、周坤炉和我，即当时的中心领导班子，在袁老师的住房兼办公室召开会议，商讨决定，将《杂交水稻》改为双月刊。

1988 年，《杂交水稻》正式改刊，不再自办发行，由邮局统一发行。

从 1993 年起，《杂交水稻》对国外公开发行，标志着我们的"喉舌"真正将我们的声音传到了国际上。

国家工程中心的成立

湖南杂交水稻研究中心成立十年后,国内外杂交水稻研究形势发展很快。国家和湖南省越来越重视成立"国家杂交水稻工程技术研究中心"的事。

袁隆平一直在考虑这个问题。1994 年 12 月 16 日,时任国务院总理李鹏偕夫人到中心来视察和指导工作。我也参加了李鹏总理的接见。袁先生当面向总理递交了一份报告,建议依托湖南杂交水稻研究中心组建"国家杂交水稻工程技术研究中心"。总理当场表态支持,并从总理基金中批给 1000 万元作为经费。

1995 年 3 月,当时湖南省科委(相当于现在的科技厅)主任张寅南、湖南省副省长潘贵玉,专程去北京找了当时国家科委常务副主任朱丽兰,落实总理的批款和建立"国家杂交水稻工程技术研究中心"的事。

朱丽兰提出了建立国家工程中心的目的、宗旨及与全国的关系等方面的问题。当时,国家筹建中的工程中心中,农业方面的工程中心很少,朱丽兰希望杂交水稻工程中心能闯出一条路子,由国家、科委计划司管,归口在农村司。谈到经费,她指出要实事求是,国家科委还可以拿出200万~300万元。

张寅南主任回来后,于1995年3月21日,在省科委四楼会议室召开了一次规模较大、人员代表性较广的论证会。40多位参会人员来自湖南农业和科教领域的政府、科研院所、高等院校等单位,有省农业厅、农科院、湖南农业大学、湖南师范大学的领导和权威专家。袁隆平和我都参加了会议。

省科委的领导提出,这个中心要成为我国杂交水稻研究方面的"四个中心",即研究中心、开发中心、信息中心、培训中心;骨干人员要以杂优中心和水稻研究所的为主;筹建班子要扩大到省计委、农业厅、财政厅。

袁隆平提出,中心的工作人员在40人左右就可以了。湖南师范大学的周广洽教授说,这个中心与外省的关系很重要,必须有新的研究内容与成果。

我一边听着,一边记录着。各方众说纷纭,莫衷一是。最后,大家还是倾向于"湖南杂交水稻研究中心"和"国家杂交水稻工程技术研究中心","两块牌子,一套半人马"。其实到后来,"一套半人马"也还是"一套人马",直到今天。

1995年5月,袁隆平当选为中国工程院院士。同年12月16日,"国家杂交水稻工程技术研究中心"在"湖南杂交水稻研究中心"的基础上正式成立,袁隆平任主任。后来,还在国内建立了几个分中心。

2010年4月29日,袁隆平在广西百色国家农业科技园区出席"国家杂交水稻工程技术研究中心东盟分中心"的挂牌仪式。

2013年3月,我加盟广西袁氏科技有限公司,并担任副总经理和首席专家。后来,公司又让我担任该公司下属的田阳恒星农业科技有限公司的总经理,驻守田阳。公司老总告诉我,田阳今后也是"国家杂交水稻工程技术研究中心东盟分中心"所在地。

2014年是杂交水稻研究50周年,6月15日又是湖南杂优中心成立30周年。9月15日,"50/30周年双庆"纪念会在长沙新沙开发区召开。

我因去美国带孙子,所以没有参加这次庆典。但是我也一直关注袁先生领导的超级稻的发展。当在儿子家里的中文电视节目中,看到湖南省溆浦县横板桥乡红星村102.6亩"Y两优900"平均亩产达到1026.70公斤的报道时,我在10月10日发微信给袁先生的秘书辛业芸,向袁先生表示祝贺! 11月3日,我看到国务院副总理汪洋到海南视察并看望袁先生的报道,见先生身体健康,感到很是欣慰。

"隆平高科"的"胚胎"

无论多么大的动物,都是由微小到肉眼看不见的胚胎发育而成的。"袁隆平农业高科技股份有限公司"(简称"隆平高科"),这个目前我国种业中的"巨无霸",已经跻身世界种业公司前列。但是在1990年代初,它还只是一个胚胎。

1992年初邓小平发表南方谈话后,全国各行各业各单位涌起了开发创收、办公司的热潮。湖南省农科院、杂交水稻研究中心也不例外,要求各单位要有创收指标,成立专门机构,由专人负责。

1992年6月6日,上午9点到10点,在袁隆平的房里(既是家又是办公室)开所务会,参加人员只有袁隆平、冯玉秋和我三人。会上,冯玉秋汇报了中心内部开发、投资方面的财务情况。袁隆平听说开发还没有赚到钱,中心就有100多万元投资到外面去了,很生气。他觉得与杂交水稻无关的如饲料厂、汽车配件厂都是会赔钱的项目,只有杂交稻种子才有可能赚钱。

袁隆平是非常正确和有远见的!他后来对杂交水稻种子公司的成立给予

很大支持。他对我说过，杂交水稻科研成果，如果没有种子公司开发推广，毫无意义！

10点到12点，我们到育种室参加会议，听取他们的意见。大家七嘴八舌提了许多创收的建议。最后，他们建议将已运作多年，虽然赚了钱但是没有多少钱到中心账上的华联公司接手过来，由杂优中心经营。我们没有马上表态，但是倾向于采纳他们的建议。

华联公司其实是一个由湖南杂交水稻研究中心牵头，全国（主要是南方稻区）一些国有或私营种子公司抱团成立的联合体。牌子挂在杂优中心，有工商注册，公司负责人是黄志强，还有何顺武、龙和平等。

6月10日上午，我们又到育种室参加会议。会上确定由育种室王三良挂帅，以周承恕、廖翠猛、孙梅元为主，成立新的开发室，开发杂交水稻种子。

1992年6月17日下午，在杂优中心会议室召开重要会议。会议讨论的议题是：中心要整合力量，搞杂交水稻种子的开发。到下班时还没有得出最后的结论。

第二天继续开了一上午会。最后，由袁隆平主任拍板：中心成立一个新的开发室，新开发室的主任由王三良担任。新的开发室内勤由周承恕负责，经营由廖翠猛抓，他经验丰富；制种由邓小林和孙梅元负责；原来由黄志强和何顺武负责、龙和平协助的华联公司继续并存。每个人原来承担的科研任务还要继续。由谢长江带领新成立的开发室人员逐步落实开发方案。

6月24日，谢长江汇报杂交稻种子开发的事。袁隆平和我们几个听取汇报。遗憾的是，我们失去了一个可以领先多年的"大数据"项目。

事情是这样的：中心成立后接收的第一批三个大学毕业生徐秋生、廖伏明、向绪友中，向绪友是学计算机的，他主动提出，自己虽不是开发室的，但愿意配合开发室，用业余时间打造"杂交稻数据库"，进行市场分析等。这在那个时候算是前卫的了。中心的曹治绩也对电脑和数据库很热心。我从科研

当年各地种子公司的"掌门人"到中心,袁老师和他们一起合影。

角度考虑也是支持他们的。但是,大多数人不同意向绪友打造"杂交稻数据库",后来他和曹治绩以搞基建和维修为主要工作任务。最后,向绪友提出离开中心。如果那时杂优中心开始进行数据库的研发,现在可是不得了的成绩啊!

在美国水稻技术公司,研究育种的人不是太多,而各种与水稻有关或无关的专业人员都有,有做种质资源、米质分析、生物技术、微生物、植保、土肥、农机、气象、数据建模、稻田养殖、机械维修的等,真正做到了"各军种、兵种协同作战"。

袁隆平拍板成立的新的开发室,是将杂优中心自己研发培育的杂交水稻新组合和配套技术生产种子销售到全国各地,最后赚到了钱,也逐步发展壮大。中心其他的开发创收项目一一下马,也吸取了不少教训。袁隆平的策略是正确的,专心致志用好我们自己的科研成果,合理,合法,又有可持续性。

我离开中心后,中心的杂交水稻种子开发继续发展。湖南省农科院蔬菜所的杂交辣椒赚的钱也越来越多。农科院整合这两项业务,于1999年6月30日,成立了由湖南省农科院、湖南杂交水稻研究中心、袁隆平院士、中科院长沙农业现代化研究所、湖南东方农业产业有限公司等在内发起的"袁隆平农业高科技股份有限公司",简称"隆平高科",袁隆平为荣誉董事长。2000年5月22日,该公司在深圳证券交易所上市。

第一次国际会议

人在一生中会做很多得意的事，也会做很多失意的事。对我而言，做过的最得意的事，就是协助袁隆平组织筹备和成功召开了世界上首次杂交水稻国际会议。

我在国外获得硕士学位回国后，没有回到原来的湖南省农科院水稻研究所，而是加盟到刚成立的湖南杂交水稻研究中心，分管科研和外事。慢慢地，我产生了举办一次杂交水稻国际会议的想法。1984年下半年的一天，我向袁隆平提出了我的想法。他表示赞同，但觉得没有把握。他说，科协在上半年也提出过此事，后来就没有消息了，如果让杂交水稻研究中心单独筹办，肯定不行。

我打电话与湖南省科协进行了沟通。省科协领导很支持。但是他们也要请示有关部门，第一个就是湖南省外事办。省外事办也表示很支持。省科协从北京的中国科协打听到，要组织一次100人以内中等规模的国际会议，筹备工作至少要两年。

1985年1月23日，湖南省科协派两个人到中心来了解召开首次杂交水稻国际会议的有关情况。

袁隆平把这个会议想得比较简单。他提出了会议设想：参会者100人左右，以我国专家为主，邀请一些有影响的外国专家。他想到的外国专家有不少，当即就数出了40人左右。

袁隆平说："会议要在今年召开，9月中下旬较好，或10月10日前。那时天气好，有大面积杂交水稻可供人们现场参观。开会加上田间参观时间，共四天，形成大约80篇论文在大会或小会上交流，会场在哪里由省科协定。"

大家还谈到了费用及食宿问题，同时拟成立一个组织委员会，由袁隆平任主任，下设几个组，如会务组、论文组等，要抽调精干人员组建一个办事班子。

省科协的人把这些一一记录下来，说要回去汇报。1985年2月4日上午，离春节只有半个月了，省科协来了三个人，继续商讨会议的组织和筹备工作。袁隆平提出，要尽快发出第一轮预备通知，进行包括育种、栽培、制种、经济、生理、生化、遗传等基础理论方面的论文征集，等对方寄来回执后，再发正式邀请函。

为了让我全力以赴做好国际会议的筹办工作，袁老师决定我兼任的办公室主任由邹旭副主任临时担当，除了管中心的科研工作外，我专心筹备国际会议。3月9日，我向钱仁院长汇报了这件事。他表示院里会全力支持。他指出，论文征集只发一轮通知还不够，要在国内组织一批过硬的论文参加会议，杂优中心更要拿出像样的论文，还要在全国邀请知名专家对论文进行审查，把好质量关。杂优中心要成立专门班子筹备国际会议，绝对不能丢国家的脸。钱仁院长提的这几点确实非常关键，引起了我们的重视。

3月28日，我到省科协去汇报工作，得知中国科协发了一个文件，支持我们召开这个会议。中国国际会议中心也表示支持，将派三人参加，会前、会后的接待由他们负责。但是,经费没有得到落实,组委会包括哪些单位也没有落实,甚至1985年能否召开都不是很有把握。

事情有点麻烦,我向袁老师还有院领导作了汇报。院领导决定由湖南省农科院钱仁院长亲自去省科协协商。1985年4月4日上午,我们到省科协开会,湖南省农学会也参会了。会上,大家认为国际会议在1985年开不现实,一般国际会议需要两三年时间做准备,建议最好推迟到1986年的9月或10月。

1985年4月15日,事情有了转机。袁隆平从菲律宾国际水稻研究所讲学回来,带来了一个消息:国际水稻研究所打算明年召开杂交水稻国际学术会议。袁隆平建议我们两家一起开。大家都很赞同,这样可以得到双赢的结果。在国际会议举办方面,国际水稻研究所经验丰富,也有经费;在中国湖南召开,大家可以看现场,可以让更多的中国代表参加。

省科协也同意与国际水稻研究所联合办会。杂优中心负责联系国际水稻研究所,省科协负责申请经费。筹备委员会成立后,决定于5月中旬召开第一次会议。

我们也开始与国际水稻研究所联系,很多具体问题商讨多次才予以解决。6月29日,袁隆平和我一起专门到了省科协,和省科协卢主席、黄春荣副主席,专门讨论和国际水稻研究所共同举办杂交水稻国际会议的事。

袁隆平说,他和时任农业部部长何康去了国际水稻研究所,当时所长出差了,就与分管中国事务的乌马利博士谈。双方同意一起举办世界第一次杂交水稻方面的国际会议,地点在中国湖南长沙;要成立一个国际筹备委员会,由中国、国际水稻研究所及印度、日本、美国、巴西代表组成;成立一个秘书处,由国际水稻研究所的费马尼负责,由袁隆平、毛昌祥、省科协出一人及国际水稻研究所的人组成,主要是审核论文,安排学术活动等。

经费方面,发达国家的代表自己解决费用问题,发展中国家的代表会议

稻济天下 /袁隆平鲜为人知的故事

1986年10月,首届杂交水稻国际会议在长沙召开。(图为国际水稻研究所的贵宾们抵达长沙火车站时的合影)

期间的吃、住及交通费由中方负责,其他费用由国际水稻研究所负责。中方筹备费、中方代表的费用由中方自行解决。

当日下午,我和袁隆平驱车去省科委找了贺湘楚主任。他原来在湖南省农科院水稻研究所担任过所长。向他汇报之后,他答应将会议筹办经费列入明年计划。

1986年新年伊始,袁隆平就给国际水稻研究所的乌马利博士写了一封感谢信,也是再一次确认经费这个重要问题。

筹备工作进行得不是很顺利,关键是我们没有举办大型国际会议的经验,加上当时国内与国际上的沟通方式还很落后。为了组织好这个国际会议,袁隆平还几次亲自当"信使",往返于马尼拉和长沙之间。

1986年7月20日,晚上7点15分,我送他去机场,他要前往广州,次日飞往马尼拉,带去这次国际会议的论文英文稿、会议日程表等,与费马尼博士最后定案。8月10日,他从国际水稻研究所回到长沙后,交给我几张国际水稻研究所开出的支票,这几张支票是国际水稻研究所应该支付给这次会议的两笔款项。他还告诉我国际水稻研究所方面的一些要求,要我办理。

大家看到这里,肯定会感叹当时太落后了,没有国际互联网可以传输文件,连银行跨国转账都还没有实现,只能由袁隆平坐飞机将支票带回国内,再交到银行。写到这里,我想起2020年11月颁发第11届"袁隆平农业科技奖"时的事。袁隆平的观念还是停留在"支票时代",他对基金会和财务人员说要给每个获奖者发支票，还比较坚持自己的意见。大家告诉他，现在都是银行转账了，最后，获奖者都是通过银行转账得到奖金的。这也难怪袁老师，他以前在国外领奖都是拿的支票。

国际会议最后定在 1986 年 10 月 6 日在中国湖南长沙召开，会期四天。定在 10 月 6 日开始，是因为这天是"世界粮食日"。袁隆平一直亲自过问会议筹备全过程，就怕出差错。9 月 26 日，湖南杂交水稻研究中心开了一个全体动员大会，袁隆平一再强调这次国际会议的重要性，要求不能有任何闪失。

当时，长沙机场还没有国际航班，外宾只能坐飞机从北京、上海或广州入境，再乘火车或国内航班到长沙。

国际水稻研究所的参会人员由所长斯瓦米纳森带队，提前一天来到广州，再坐火车去长沙。他们到达时，湖南省农科院领导、袁隆平和我，都去火车站迎接。他们的大件行李托运了，手提行李还需要我们帮着提。我们到车站广场拍了一张合影。背景是一条绿底白字、中英文双语的横幅。原来有人提出要用红色横幅，我们解释了很久，还请示了领导，才决定用绿色的。

从开幕到结束，会议举办得非常圆满。湖南省领导非常重视，参加了开、闭幕式并致辞。中国农科院任志副院长参加。国内杂交水稻界的知名人士几乎都来了，国外来的代表人数也超过了预期。最后，一共有 200 多人参加了大会。在芙蓉宾馆前，大家拍了一张具有历史意义的彩色照片。我想，袁老师心中该有多么自豪啊！这是在中国，在杂交水稻之乡的湖南，召开了这么隆重的国际会议，我们为国争光了！

首次杂交水稻国际会议的成功召开具有里程碑式的意义。从此，杂交水稻快速走向世界，实现了袁隆平的愿望——"发展杂交水稻，造福世界人民"。这也是中华民族复兴路上一个闪亮的脚印。

袁隆平和斯瓦米纳森博士，都是为世界粮食安全作出了巨大贡献的人，他们都先后获得了"世界粮食奖"。这是国际社会对他们的认可和褒奖。

⊙这是袁隆平和笔者在印度与该国杂交水稻技术负责人一起制订工作计划。当时笔者是袁老师实际上的"秘书"。

⊙首届"杂交水稻国际会议"于1986年10月在长沙召开。

理解万岁篇

袁隆平也有遗憾
袁氏大家庭
「寡人无疾也无恙」
便宜也是货
「司令」讲课
敬重媒体人
战备钱

袁隆平也有遗憾

人生哪能无憾事？没有遗憾的人生不算是完美的人生。袁隆平在他事业的初创阶段经历过失败与遗憾，这可以理解；可是到了后来，他功成名就了，还是常有遗憾的事。

1992—1993年，我们在印度指导该国杂交水稻技术时，试图将我们国家当时种植面积最大、适应性最好的杂交水稻组合"汕优63"在印度试种，与印度品种一起进行比较试验。在禾苗生长的前期，我们中国的"汕优63"长势远比印度当地品种好，我们以为胜券在握了。可是，到了抽穗的时节，遇到了当地高温，最高气温常在40摄氏度以上。"汕优63"主穗抽出来了，可是所有的分蘖穗都抽不出来了。这个时候，印度当地品种开始"发力"，主穗和分蘖都在高温下抽了穗，他们的品种虽说不是特别高产，但因有耐当地高温的特点而胜出。我们的"东方魔稻"在印度丢了面子。这种例子在我国杂交水稻走向世界的前期，在许多国家都发生过。最后，我们采取了在当地选种、育种的方式，杂交水稻才慢慢走向世界，走上外国人的餐桌。

理解万岁篇

2011 年，袁隆平提出要在广西百色地区右江河谷建立十万亩两系杂交水稻制种基地的宏伟计划。现在回过头来看，这个计划也是留有遗憾的。袁隆平从战略高度统筹全局，想将我国两系杂交水稻制种变成像美国水稻技术公司那样，几万亩连片制种，全部实行机械化生产，一次出动十多架直升机赶花粉，更可以保证种子的纯度。以 100 倍计算种植面积，十万亩水稻种子可以提供 1000 万亩以上的大面积种植生产。

我当时在湖南科裕隆种业公司，应邀随公司董事长兼总经理孙梅元去参加在湖南杂交水稻研究中心召开的、有湖南多家种业公司与广西农业厅多位领导参加的制种面积落实会议。广西农业厅与会人员由厅长张明沛亲自带队。

会议刚开始时，袁老师情绪激昂，张明沛厅长也很乐观。但是当要各个种子公司的领导们上报在广西百色右江河谷十万亩制种基地中，每个公司能落实多少面积时，大家都不发言表态，即使个别表了态的也只是承担几千亩面积。最后，会议不了了之。

2012 年 3 月 18 日，袁隆平写信给当时广西壮族自治区政府领导。在信中，袁隆平将他的建议的重要性以及国务院、农业部的重视，对杂交水稻种业公司、对当地农户和政府扶贫都有利的道理讲得清清楚楚。

袁隆平有压力，广西壮族自治区政府有压力，湖南和广西的种子企业有压力，这压力一直往下传到了县一级。2014 年，我离开科裕隆种业公司后，到广西袁氏科技公司下属的田阳恒星农业科技有限公司当总经理时，有一天，被通知到县农业局开会。会上，县农业局的人要求我们几家在田阳的种业公司填报在百色右江河谷两系杂交水稻制种基地的制种面积。好几家公司的人都说，他们在田阳没有制种面积，更没有两系杂交水稻制种面积。县农业局主持会议的人告诉我们："不要紧，这只是统计数据，填多少面积都没有关系，这是上面要的数据。"

我还是坚持没有填任何数据,因为我们公司当时还没有制种资质,是不能从事杂交水稻制种的。

我对其他地方不太了解,但是对田阳还是知道一些具体情况的。"北有寿光,南有田阳",田阳是农业部重点建设的国家级蔬菜水果基地,也是杧果之乡,还是"圣女果"(珍珠番茄)的知名产地。靠种植这些蔬菜水果,田阳的农民已经很富裕了,他们种一季"圣女果",接下来种一季水稻,水旱轮作,病虫害少,土壤结构好。他们有钱用、有饭吃,谁都不想将土地流转出去搞制种。制种要成片,几千上万亩的土地都要用来制种,不得私自种其他任何水稻品种,否则会串粉,会造成种子不纯,那就麻烦了。

袁老师的想法是好的,但是要具体落实十万亩两系杂交水稻制种基地还真的不容易。要是在杂交水稻刚开始推广的二十世纪七八十年代,倒也有可能。右江河谷十万亩制种基地计划到现在也没有实现,不能不说是一个遗憾。但是我认为,这一遗憾也许免除了当地政府和农民的许多遗憾。

袁氏大家庭

由于种种原因，1929年出生的袁隆平，到1964年才结婚，同年开始了杂交水稻研究。也是从这个时候开始，他要为人夫、为人父，同时还要继续为人子。这些角色，实际上是由比他小八岁的贤内助邓则为主承担着。

袁隆平是个非常孝顺的人，他虽有弟弟妹妹，但是一直让母亲生活在他身边。原本在湖南杂交水稻研究中心成立后，他可以举家迁往长沙的，只因年事已高的母亲习惯了安江的生活，所以一直等母亲去世之后，他才把家搬到长沙。

作为家里的主心骨，一个很重要的责任就是教育孩子。他作为安江农校的老师，这点他当然懂。他家也是知识分子世家，父母、弟、妹都受过很好的教育。可是，安江这么一个偏远的地方，肯定没有大城市那么好的教育资源，加上他也没有时间辅导自己的三个儿子，到了中考和高考的时候，就遇到了一些麻烦。

那个时候，袁隆平如果停下主要的工作来管一管孩子的学业，也许不至于后来那么为难。中心成立的时候，他的大儿子已经20岁左右了，由于学业不佳，早早地就参加了工作。后来调到农业厅开车，继而从事杂交水稻种业工作。

袁隆平的二儿子考上了湖南财经学院，学的是金融专业，毕业后到了"隆平高科"，成了财务主管。

1987年4月22日下午，袁隆平找我和冯玉秋商议派人到国际水稻研究所为那里即将举办的一个杂交水稻国际培训班讲课的事。袁隆平接到一个从安江农校打来的长途电话，脸色马上变得紧张起来。原来他夫人邓则在17日被消防车撞倒。后来听说，当时危险得很。

我们马上安排办公室主任黄志强陪同袁老师回安江看望邓老师。4月23日清早，天蒙蒙亮，司机戴牛松开车载着袁老师和黄志强直奔安江农校。

1988年2月27日，农历正月十一，在安江过完了最后一个春节之后，邓则老师带着两个儿子从安江到了长沙，安下家来。

袁隆平的家事终于在20世纪80年代后期得到了相对妥善的安顿，这使得他没有后顾之忧，全力以赴攻克了"两系杂交稻""亚种间杂种优势""超高产"等一个个难关。

袁隆平一家到了长沙，还是各忙各的，袁老师还是不怎么顾家。他们一家住的所谓的"别墅"，其实是一幢两层楼的套房，设计也不尽合理。尽管如此，当时建造时还是要比杂优中心其他人的住房好多了。

现在再看，房子的设施就落后了。就拿他们家一楼唯一的卫生间来说，居然还是蹲式厕所，如厕还要上一级台阶。这个台阶有点高，年迈的人要跨上去还挺费力的。洗脸池也是老式的，水龙头如果开大了，水肯定要溢出来。洗脚、泡脚还是用乡下的大木桶。2016年2月春节前，我到访袁老师家，其间上了趟卫生间，发现他家在一楼的主卫生间还是老样子。2018年7月8日，我去袁老师家里拜望，也觉得他们家里没有什么变化。

时隔两年,2020年11月,我到长沙去参加"袁隆平农业科技奖"授奖仪式,11月12日下午四五点我去袁老师家看望他们。因为袁老师还在睡觉,我就没有打扰他,只和邓老师聊了一阵。邓老师告诉我,他们家里新装了一个室内电梯,从小客厅的里面南端,可以坐电梯上到二楼的卧室。在这以前,他们上下楼都一直要爬楼梯。

其实,袁隆平是一个很有爱心、孝心的人。由于国家的事更重要,他没有时间来顾自己的小家。如今,他们家三个做出了成绩的儿子和聪明能干的儿媳妇,三个伶俐可爱的孙女,再加上两个老人,这11个人的大家庭,在湖南省农科院,至少在湖南杂交水稻研究中心,堪称美好的"第一家庭"。袁隆平和他的杂交水稻给中国人带来了幸福,他们的家也越来越美满、幸福。

2021年春节,邓老师通过微信给我发来了他们的全家福,也就是"袁家福"照片。这张照片的背景是几棵枝叶繁茂的椰子树,再后面是湖南杂交水稻研究中心三亚南繁综合试验基地的建筑物。照片中,袁隆平夫妇端坐中间,前面是三个孙女半蹲在他们前面,站在后面的是他们的三个儿子以及他们的媳妇。老大夫妇居中,左边是老三夫妇,右边是老二夫妇。三代11人,个个神采奕奕,喜气洋洋。这就是幸福的袁氏大家庭!

袁隆平顾了国,没误家。有国才有家,国兴家才旺。有了袁隆平为国家作出的大奉献,才有天下千千万万小康之家。

稻济天下 / 袁隆平鲜为人知的故事

"寡人无疾也无恙"

21世纪20年代,袁隆平已经年逾九十了,但是在媒体上还经常可以看到或听到他的消息。他还在参加一些活动,如这种或那种国内国际会议、学术论坛、采访等,还在统领诸如"超级杂交稻""海水稻""三一工程"[①]"第三代杂交水稻育种",比一个年轻人还忙得多。不言而喻,他有看似很健康的身体和旺盛的精力。

但是,袁隆平也吃五谷杂粮,也喝江河湖泊的水,也呼吸着大自然的空气,也脚踏黄土地,也头顶红太阳。春夏秋冬四季轮换,他也难免有病痛。古人云"察己则可以知人",我与他打交道大半辈子了,我自己的情况使得我能理解他。作为世界杂交水稻领军人物的他,是一个"有泪不轻弹"的人。他从不轻易言病,但其实他一直带病工作,可以说他是典型的"外强中干"。他在写给我的信中,多次提到他的肠胃不适和肩背酸痛等身体问题。

---

① 即三分稻田养活一个人。

袁先生吃东西非常注意卫生。这是没有办法的事，他有过敏性肠炎，只要有一点细菌感染，他就会拉肚子。正因为如此，除非在不得已的情况下，他一般不在外面吃饭。

他深知吃水果对身体有好处，他最喜欢吃柑橘，其次是苹果、香蕉。到了天气热西瓜上市时，他也吃一些西瓜。总的原则是，水果在进口前的各个环节中，尽量不直接碰到有细菌的东西，包括手。

他原来所在的安江农校位于湖南的柑橘产区黔阳地区，现在叫怀化市。那里盛产品质好的柑橘、甜橙，最好吃的是冰糖柑、柚子。

他的学生、业内的朋友到长沙来看望他时，往往会给他送些时令的柑橘、甜橙、柚子、杨梅之类。

2004年3月15日，我到湖南杂优中心看望袁先生。他告诉我，最近他去了一趟意大利罗马，因为喝了未烧开的水，四天泻了26次肚子。先吃了五粒黄连素，无效；后来增加到10粒、50粒，均无效；再后来服了一瓶保济丸才好，总共瘦了三公斤。

2015年12月4日，袁隆平在中南大学湘雅医学院做了白内障手术。当时我在长沙，想去医院看望他。与中心的人联系，他们也没有告诉我他在哪个病房，也是不想有太多人去打扰他。

2016年2月5日，我去给他拜年时，顺便问他手术后视力如何。他说，好像效果不是很明显。辛业芸拿来报账单据要他审核签字时，他拿着一个放大镜才能看清单据内容，以前我很少见到这种情况。

2016年4月，我到中心去见袁先生前，他秘书杨耀松告诉我，袁先生阅读很吃力，一篇A4纸大的文章，他拿着放大镜要用20分钟左右才能看完。即使如此吃力，他还是将我当日留给他的一部分书稿（160多页）在5月10日前看完了，还主动打电话给我，说写得好，真实，图文并茂，并说要将书稿拿给邓大姐看。

其实，袁隆平的身体有许多小问题。五十多岁时，肩周炎就开始折磨他。过敏性肠胃和皮炎，一直使他不得安宁。2016年2月5日，我到他家，看到他因为哮喘在服药，他说要服一个月的中药。但是，一到办公室或是参加活动，他马上就变成了另一种状态，成了一个精神焕发的人，口里念念有词"寡人无疾"。这就是袁隆平男子汉的特质，是我们的标杆。

他有一种很强的"长寿信念"。他多次对自己体检的结果口出"狂言"，"医生讲我的身体比实际年龄要小许多"。之所以这么说，他是有底气的：一是他从小就注重锻炼身体；二是他长期在田间工作，风吹日晒，形成了超强免疫力，不缺微量元素；三是他心态好。他还有点"迷信"，他身上有很多"朱砂痣"，即长在皮肤表层的紫红色小痣，他让我看过，半开玩笑地说，这是"福痣"。我也在自己身上找到了几颗，比他的少，很有压力感。

袁老师七八十岁的时候还经常打气排球。杂优中心海南三亚南繁综合试验基地特意建了标准气排球球场。邓则老师告诉过我，在三亚，袁老师天天要打气排球，不过事故还是发生了。2005年，他在海南打气排球时伤了腰，后来还到北戴河疗养了半年。

袁隆平并没有因为受过一次伤就不打气排球了，伤好了之后忘了疼，继续打。这与他做科研不怕失败一样。他多次率队到外面打比赛，比如2011年11月25日，他率国家杂交水稻工程技术研究中心在南宁与广西农业厅和广西农科院比赛。我和老伴在球场边上陪着邓老师，一直观看他们的比赛。那天，看球赛的人站满了大礼堂。其实，他们主要还是来看80多岁的袁隆平球技的。他每次击球，无论得分与否，都会得到满堂掌声。

我非常佩服袁老师不服老的劲头，八九十岁还带病坚持工作的精神。当然，我也非常担心他的健康状况。2017年4月17日下午，我发微信问邓老师袁老师的近况。邓老师回复我："毛先生，这次袁先生去三亚开会是打了五天吊针的哟，你不知道吧？之前太累了，加上年前感冒没完全治愈，到北京开会又加重了，所以拖了这么久，回家还要吃中药，谢谢你的爱护关怀。"邓老师对袁老师是何等疼惜，于此可见一斑。但是她也没有办法阻止袁隆平一定要走向田间的步伐。

2017年9月、10月，隆平高科培训学院举办的好几期国际杂交水稻培训班先后开班，我是主讲老师，袁隆平除了参加开班仪式外还要讲课。在9月5日的一次开班仪式上，与学员们合影留念后，他对我说："小毛，我近来身体很不好，从春节到现在已经瘦了六公斤。"他看上去很疲惫，他是抱病坚持参加了开班仪式。即便如此，他还是参加了诸多活动，2017年，光是媒体报道的就有"袁隆平2017年8月5日，到广西灌阳看超级稻攻关试验""2017年8月29日，袁隆平到山东即墨察看海水稻大面积试种情况"等内容。

10月31日的开班仪式，袁老师没有参加，可能是实在没有办法参加了。我参加完开班仪式后就去他办公室看望他。他躺在按摩椅上，气色很不好，讲话也没有力气。他见我来了，强打起精神，与我交谈。我怕影响他休息，寒暄几句后就告辞了。离开时，我心里很不是滋味。

进入2010年代，袁隆平和他的团队，除了继续研究超级杂交水稻技术外，还开展了"海水稻"研究和推广。他还指导一些诸如"种三产四""三一工程"等项目，经常到全国各地去开会、考察、验收。八九十岁的人怎么可能不累？袁隆平是拿生命在为国家的粮食安全作贡献！他半年时间瘦掉六公斤，连同他身上淌出的汗水都变成了金灿灿的稻谷，奉献给了国家和人民。

我还见证了一次袁隆平"寡人无疾"的时刻。那是2018年6月15日下午，在湖南杂交水稻中心报告厅，由中华人民共和国商务部主办、隆平高科承办的"2018年发展中国家杂交玉米综合技术培训班"和"2018年发展中国家杂交水稻综合技术培训班"同时举行开学典礼。下午3点，来自世界各地的几十个学员已经安静地坐好了，只等袁隆平院士到主席台就座，致开幕辞。我是授课老师，坐在台下第一排。时间已经到了，袁老师还没有来。我

稻济天下 / 袁隆平鲜为人知的故事

身边的人小声告诉我,袁老师还在医院打点滴,也许来不了了。继续等了一阵,全场突然响起了热烈的掌声,只见袁老师由人搀扶着颤颤巍巍地走进了报告厅,快到主席台的时候,他甩开扶他的人,稳步走上了主席台。

仪式结束后,大家去楼下合影。袁老师和主席台上的人先下去了。许多外国学员发现,袁隆平院士,他们心中最崇敬的老师,手上竟然还贴着刚刚打完点滴留下的胶布。许多人被感动了。

但是,袁隆平显得若无其事,笑容可掬地再次向别人展示了他"寡人无疾"的精神。我完全被感动了,此情此景没有任何做作、摆拍或是为了什么私利。他,袁隆平,一位年近九十、誉满天下的科学家,再次为国家赢得了荣誉,得到了世界的尊敬。

接下来,我给各国的学员连续讲了几天课。他们知道我也70多岁了,许多外国学员问我:"你们中国的科学家这么大的年龄还努力工作,'杂交水稻之父'袁隆平院士快90岁了,还带病给我们上课,为了什么?"我告诉他们,袁隆平有一个美好的愿望——"发展杂交水稻,造福世界人民",我们就是为了这个目的。

2020年,对中国和全世界来说,都是一个极为特殊的年份。这一年,新冠肺炎在全球肆虐,夺去了无数人的生命。

在袁隆平身上,也发生了与新冠疫情有关的"有惊无险"的故事。2020年5月19日晚上9点半,邓则老师通过微信告诉我:"袁先生最严重的是气喘,准备去北京治疗。"6月17日,我向邓老师询问袁老师到北京治疗的情况时,邓老师告诉我:"袁老师6月16日下午回到长沙了,但要隔离14天,住在湘雅医学院附一医院,气喘现在好多了。"她还告诉我,陪同袁老师去北京的人,除了辛业芸还留在北京隔离外,其余人都回到了长沙,核酸检测没有问题,但要居家不能外出。

得知辛业芸还在北京隔离,我就与她微信联系,了解了事情的原委。

袁隆平由他的小儿子袁定阳、单位派的人和医护人员陪同，到北京 301 医院治疗气喘。很多专家为他会诊，病房都挤满了，连辛业芸等都进不去。后来做了手术，袁老师恢复得很好。在北京，他们自己做饭吃，所以要经常到附近的玉泉东市场买菜。

谁知，北京突发新冠肺炎疫情，采取了紧急措施，玉泉东市场因为是疫区，被临时封禁了。辛业芸虽已做核酸检测，但还是要隔离 14 天。袁隆平自己没有去过市场，但是他的陪同人员中有人去过，那袁隆平也算是密切接触者。但巧的是，袁隆平和除辛业芸之外的四位陪同者，包括他的小儿子袁定阳，已于 16 日下午回到长沙。要是没有回去的话，袁老师和其他人也是要在北京隔离的。在长沙隔离期间，湖南省的一位副省长还去医院看望了袁隆平。

所幸，所有的人都没有感染新冠肺炎。辛业芸说，她是一个耐得住寂寞的人，袁老师他们留下的好吃的东西很多，包括中秋节的月饼，两个星期都吃不完。但是，辛业芸说自己"总感觉是那么回事""喉咙眼很不舒服，总有咳嗽的冲动"。看来心理作用也会作祟的啊！所幸，大家都无恙！

便宜也是货

常言道:"便宜没好货,好货不便宜。"但在袁隆平心里,便宜也是货。

袁隆平对手表好像情有独钟。他究竟买过多少只手表,自己也未必有数。称他为买表专家,一点都不为过。我至少两次看到过他买手表。他喜欢名表,却又舍不得买,便只买便宜的。

我第一次看见他买表是在1988年4月。袁老师他们先期到了海南岛三亚荔枝沟师部农场湖南杂优中心的育种基地。他让我去三亚与他们会合,再一起去湛江杂优中心考察,那里的研究有新的进展。

在三亚办完事,袁老师、周坤炉、王三良和我于4月23日下午5点许到达海口。袁老师说要我们陪他一起去退手表。我们才知道,他在4月17日,也就是一个星期前来海南时,在海口的一家小店花29块5毛钱,买了一只据说是海关罚没的走私"东方双狮表",可是手表到了三亚就停了。

袁先生带我们七弯八拐来到一排小店铺,很快就找到了那家店。他拿出手表,我拿过来仔细看了看。它看上去确实是很气派的一只进口"东方双狮表"。店主看了看,将表摇了摇,表针还是不走。袁老师提出要退货,店主就凶起来:"不能退!"袁老师说:"我戴了一下就不走了,为什么不能退?"店主说:"贵重物品,出门不退。你是不是从我这里买的还难说。"

这句话把袁老师惹火了:"肯定是从你这里买的。我哪里会骗你呢?""发票呢?"袁老师拿不出发票。可能买表的时候,他就没有要发票,也可能已经将发票丢了,更有可能是店老板没有开发票。袁老师为了自证清白,就掏出他的全国政协常委证件亮给店主看,意思是自己不会讲假话。

店主讲了句"你这是假证件"。袁老师气得有点发颤了,我赶快拉了一下他的衣袖,示意他不要与店主争吵,然后对店主说:"我们找警察来评理。"

店主理亏,也心虚,就答应给修理一下。袁先生也无奈,只好把手表给他修。经店主七弄八弄,手表又走起来了。他把表递给袁先生:"拿去吧,免费给你修的啊!"这种人真是无赖又无耻!袁老师说了句"算了吧",我们就离开了。

我第二次看见他买表是在1998年5月。我和袁隆平作为联合国粮农组织顾问,在缅甸完成任务回国前的一天傍晚,到住处附近靠近海边的华人商业区去散步,看到一个小摊位卖日本电子手表,很便宜。袁老师习惯性地往手表摊走去,我也紧随其后。他选了一只女士卡西欧电子表,说是买给他夫人。他建议我也买一只。我想到给在长沙一中读高中的儿子买一只也行,就选了一只大气的男士表。

这时,我突然产生一个想法,就对袁先生说:"我们各付各的钱,不过,我买的表以您的名义送给我儿子,您买的表以我的名义送给邓老师,要得不?"他想了想,说是个好主意。

后来,他在旅馆特地写了一页纸的话勉励我儿子。回国后,我把手表连同袁伯伯的信一起给了儿子。他高兴极了,说袁伯伯的信比手表更珍贵。我送给邓老师手表,她也高兴。就这么一换,表就增值了。不过,这两只表,没有走多久就停了。

袁先生爱便宜货，还常要别人一起"贪"便宜，特别是"囊中羞涩"时，他到外面出差或和我们一起逛街时，喜欢买点便宜货。

有一次，我和尹华奇陪他走到原长沙市政府大门口，看到一地摊小贩卖皮凉鞋，15元一双，看上去不错，他带头买了一双。他拉着我们一起买，我们也只好"献爱心"，各买了一双。我回去就被老婆骂了，这倒无妨，我本是被骂惯了的，关键是没穿多久，鞋子就"上下分离"，鞋底掉了。

1987年，我和袁老师在杭州火车站附近的水果摊上买苹果，他买的是一块钱一斤的，我买的是八毛钱一斤的。他"五十步笑百步"对我说："你看你舍不得，加两毛钱，苹果就好吃得多。"我反唇相讥："一棵树上结的苹果，一样甜，不信您尝尝，我这是节约了成本。"其实，我们两个都是舍不得花钱的人，还要互相挖苦。在车站附近水果店里，又大又红的苹果，两三块钱一斤的多得是，那才又好看又好吃呢！

⊙袁隆平拔掉吊瓶参加开班(仪)式。

⊙1992年—1993年,我国的水稻育种材料在印度超高温条件下表现不理想。这是袁隆平带笔者在田间观察分析。

⊙2021年春节,袁隆平一家在三亚拍"袁家福",三代人幸福美满。

"司令"讲课

白天，大家都很忙，我们开会商讨中心大事大多是在晚上，学习和学术交流也多安排在晚上进行。

1988年6月29日晚上，在湖南杂优中心的学术报告厅，袁隆平给全中心的科研人员作学术报告，题目是《科研与灵感》。

袁隆平原是安江农校的老师，给学生讲课，他是好手，加上又是讲与杂交水稻有关的知识，他肯定驾轻就熟。可是，他办事很认真，作报告前还是准备了提纲，摆在讲台上。

袁隆平在报告里说，科学、技术、经验是育种成功的三个条件，有时灵感也非常重要。灵感是思想的火花，一闪即逝，要紧紧抓住。按常规走路，会有成果，但难出大成果。要标新立异，要遵循两条：一是新思路、新设想要符合自然规律；二是要符合学科一般规律，必然性、偶然性在科研中很普遍。必然性寓于偶然性中，这是辩证的。他特别举出"野败"发现的例子予以佐证。

稻济天下 / 袁隆平鲜为人知的故事

在 2010 年由湖南教育出版社出版的《袁隆平口述自传》中,袁隆平非常客观公正地讲到了"野败"的发现过程。当时在海南南红农场的技术员冯克珊功不可没。冯克珊听了袁隆平在南红农场的讲课,对水稻不育花药有了了解,也知道什么地方有野生稻。1970 年 11 月 23 日,他带李必湖去看野生稻,两人一起发现了"野败"。

2004 年 9 月 8 日,"湖南省袁隆平农业科技奖励基金"(第三届)给李必湖和冯克珊都颁了奖。这体现了袁隆平的为人:正直,公平,实事求是。

袁隆平不但重视对科研人员的培养教育、思想启发、能力提高,也注重对科研辅助工人的培训。他认为,科研结果的好坏,与田间工人的素质和责任心有很大关系。中心每年在实验开始前都有培训。如 1995 年 2 月 9 日,中心全体职工开会,这既是春节之后的"收心会",也是一年育种工作开始的"动员会"。

袁隆平团队出的科研成果很多,尤其是培育出的杂交水稻新品种和亲本材料,在全国推广面积很广,适应性也很好,这得益于他手下的科研人员都配备一两个学员。"学员"是指从农村招收的具有中学文化、身强力壮的年轻人。湖南杂交水稻研究中心为他们统一提供住宿,工资待遇分等级,根据时间和表现,逐步提高待遇。优秀的学员还可以转为单位正式职工。

学员一般都分配到科研人员手下,业务上由科研人员带领并进行技术指导。中心统一对学员进行各种基础培训,包括田间农活、农机具使用等。学员也享受节假日。农忙时,如抢插试验田的秧苗,抢收试验田的稻子,则由中心统一调度,给予一定的补助,体现多劳多得原则。

学员听从老师安排做田间工作,如试验小区材料的催芽、播种、观察记载、材料去雄、套袋杂交、收小材料、填写数据表格等。刚开始,老师指导多一点,一两年后,老师基本可以放手了,可以有更多的时间进行田间选种、数据资料分析、写总结报告、参加学术活动、出差等。袁隆平也一直有两位学员帮他处理田间试验工作。

我们招聘和培训的学员,许多来自贫困地区。他们中的许多人后来回家乡成了科学种田的带头人,这也是扶贫的一种方式吧,至少可以为贫困地区培养科学种田能手。他们掌握很多作物的栽培管理、田间施肥和病虫害防治等技能,这也算袁隆平的一种人才培养模式吧,后来被许多地方的农业科研院所学习采用,解决了科研工作中助手不足的实际问题。

由于杂优中心的对外交往很多,尤其是第一次杂交水稻国际会议召开之后,到中国来学习杂交水稻技术的外国人越来越多,中心也接受了一些培训委托。这样一来,中心人员英语能力的提高便迫在眉睫了。中心多次举办内部的英语培训班。教员就是包括袁隆平在内英语好的人,学员以年轻人为主。一个总的原则是,互教互学,内容为日常口语加专业词汇,最后在实践中提高英语水平。

在杂优中心,袁隆平的英语是最好的。当然,要他花很多时间讲授具体的英语课,他是没有时间的。他就提出,给大家讲讲如何学好英语。我们的英语培训班基本上都是在晚上进行,白天大家都忙于田间育种和其他科研活动。1992年6月15日,中心的又一期"英语强化班"于晚上8点在杂优中心二楼的报告厅正式开班,有30多位学员到场。袁隆平主任主讲:

讲讲我学英语的经验以及学英语的重要性。

1. 记生词。我年轻时每天记100个单词。人越年轻记忆力越好。要用循环记忆法分组记忆,就是把相关的词汇分成小组来记。每天记(背)三次,每次30~40分钟,大多数单词都能记住。要利用空闲时间记(背)单词,不要连续地记,而是要断断续续地记(背)。

2. 背诵句子。每天背1~2句,背到熟练。

3. 胆子要大。"Don't be shy to speak English",讲英语,不

要感到不好意思，不慌不忙慢慢讲。

4. 从普通书信中学习，易学易懂。

5. 每人备一台收音机、收录机，听VOA或BBC。每天学1~2句，背下来。

6. 对于基本语法要掌握，习惯用语很重要，对语法的掌握达到高中英语水平就可以了。

7. 最后是基本语法加基本词汇。

坐在助教席位上的尹华奇是袁隆平早期的得力助手之一。他的英语是自学的，后来到美国工作，英语能力大大提高。他用英语加了一句："You must speak English every day and we must study English very hard."意思是必须每天都说英语，必须刻苦学习英语。

经过反复学习、培训和实践，杂优中心许多年轻人后来的英语水平都大有进步，许多人被派往国外指导杂交水稻技术，都能顺利地与外国人交流。

敬重媒体人

与许多学究式的专家不同,袁隆平是一个懂得媒体对事业的发展有重要作用的人。他从来不拒绝媒体的采访,而且非常配合。他对媒体人也很敬重,把他们摆在心目中很重要的位置。

1994年6月15日,在"中国杂交水稻研究30周年""湖南杂交水稻研究中心成立十周年"纪念大会上,"袁隆平杂交水稻奖励基金会"举行了隆重的颁奖仪式,奖励在杂交水稻开创的艰难时代,支持杂交水稻研究与应用的42名有功之臣,其中就有六位媒体人。

第一位是湖南电视台的著名记者罗英,我们亲切地称她罗大姐。第二位和第三位是新华通讯社湖南分社的王平和杨善清。第四位和第五位是湖南日报社的杨相环和曹仲学。第六位是湖南省农业厅科教处的林承先,他虽说不在媒体工作,可为宣传杂交水稻做了不少工作:拍照片,录像,发表相关文章,协办过多场展览。

看上去,获奖的媒体人对杂交水稻没有什么直接的贡献,不过就是采访、

报道。殊不知,媒体人要把握时政形势,报道的时效、力度,受众的关注度、结果等,还要随时关注袁隆平的行踪。有时,袁隆平和他团队到哪里,记者们就要跟到哪里,背着沉重的设备,跋山涉水下稻田,汗流浃背晒黑脸。

我想,这六位媒体人入选首批有贡献的功臣并获奖励,一定是袁先生推荐或首肯的。

1985年冬天,天气很冷,湖南杂交水稻研究中心主楼依然在加紧施工。外界,特别是媒体,对中心主楼的建设进度非常关心,在主楼快落成前,纷纷到中心来采访。1986年1月3日,袁隆平带领我们几个主要负责人,在还未完工的大楼门厅外迎接三位记者,并与他们合影。合影最中间那位就是时任湖南日报科教新闻部主任谭毅挺。

2004年5月,袁隆平在以色列获"沃尔夫"奖时,一群年轻媒体记者采访他。我也在场。那时还没有戒烟的他,在采访中想抽烟了,便拿出香烟,习惯性地给记者们递烟。有人提醒,室内不许抽烟。他就到室外抽完烟继续接受采访。采访完毕,他还与大家合影留念。事后,几个记者对我说,想不到袁隆平这么平易近人、好打交道。

2016年4月1日,特意从长春飞到三亚采访袁隆平的《吉林日报》记者孙翠翠,在正在海南三亚公干的美国水稻技术公司总裁顾问褚启人博士的联系安排下,在湖南杂交水稻研究中心三亚育种基地见到了袁隆平。袁先生很高兴地为孙翠翠题词:"为宣传杂交水稻覆盖全球作贡献,勉吉林日报记者孙翠翠。袁隆平，2016.4.1。"

  2020年11月13日，第11届"袁隆平农业科技奖"在湖南杂交水稻研究中心颁奖。我是获奖者之一。到了颁奖现场，我发现我熟悉的湖南卫视记者易可可也在那里。我以为他是来采访的，后来才知道他也是22名获奖者之一。颁奖结束后，他采访了袁隆平院士。后来我和他又在一桌就餐。在聊天时得知，这几十年他经常采访袁隆平，这次他荣获了"袁隆平农业科技奖"，说明袁老师没有忘记他，没有忘记媒体人。

  其实，媒体是一个平台，是把信息传给大众的媒介，能和媒体配合，对被采访者、对受众肯定都有好处。

  我与媒体人打交道也很多，我很佩服他们的敬业精神。现在网络媒体、自媒体越来越多，如何利用各种类型的媒体为社会的进步、国家的发展、民族的振兴宣传正能量，是非常重要的。

  我一直觉得，袁隆平很懂舆论的重要性，也很会掌控舆情。杂交水稻研究刚取得成功时，由于名气和影响力都不大，很少有媒体来宣传。要知道，杂交水稻技术主要的受众是广大的农民，而不是城里的人，真正的受益者是每一个要吃米饭的人。要在中国960万平方公里的土地上，让农民朋友接受杂交水稻这一新生事物，需要媒体的协助。没有媒体的支持，袁隆平和杂交水稻哪能家喻户晓呢？

  向媒体人致敬！

战备钱

现在的年轻人,可能很难想象他们的父辈在 20 世纪赚钱、花钱的情况。现在,普及了的无现金支付方式既方便又安全。工资发了多少,通过手机可以一目了然地查看。

二十世纪七八十年代,发工资那天,人们到财务室,排队从出纳手里接过工资袋,大多是一个牛皮纸的信封,上面贴着一张工资条,注明本人名字和工资明细。

工资条上的明细精确到几角几分,人们从工资袋里小心翼翼地倒出所有的钱,还要往里面瞧几眼,生怕有几张分票没有倒出来,那时一分、两分、五分、一角的纸币都很常用,倒是五十元、百元大钞很少,用起来很不方便。等把钱数清了,还得小心地撕下工资条收好,回家后,将工资条连同实际拿到的钱一并交给老婆。

年轻人的工资一般都是两位数。我 1976 年参加工作,月工资 34~36 元,这个数目拿了好多年。年龄比较大、职位比较高、工龄比较长的,工资大多是三位数，很少或基本上没有四位数的，我们一般称这类人为"老班子"。在湖南杂优中心，袁隆平的工资基本上算是最高档次的了。他手下的"八大金刚"也基本上算是"老班子"。

年轻人，特别是参加工作不久的，要是出差，基本上都是陪着"老班子"，即领导或课题老师级别的人。说实在的，不光是我，几乎所有的年轻人，都不怎么愿意和"老班子"一起出差。要"伺候"他们，要帮提东西，找旅馆，办住房手续，联系人，买车船票等。这类出力跑腿的事，我们年富力强，也就感到无所谓，有时还想尽量表现好一些。可是吃东西，特别是在餐馆吃饭，吃完了付钱，基本上也是年轻人的事。虽然有出差补助，但就怕一旦超标了，报销不了那么多，也担心报销之后，"老班子"忘记把钱还给年轻人。抽烟喝酒等额外消费，就更是说不清了。

但是，我和袁隆平一起出差，就从来不用担心钱的事，哪怕是在国外。我们一起出去的时候比较多。他每月工资在单位算高的，但他上要赡养老母，下要抚养三个孩子，除去日常开支外也就所剩无几了，他还抽烟，开销也不少。他也囊中羞涩，不过他见我比他更"羞涩"，往往由他买单的次数多。

我们单位许多年轻人都愿意和袁隆平一起出差，一是可以见世面，可以结交名人；二是袁先生慷慨大方，掏钱请客是常事。大家都说吃袁老师的"募货"最容易。"吃募货"是湖南方言"占便宜"的意思。

记得有一次，我们到孟加拉国的首都达卡，正好是5月8日。他记得那天是我的生日，一定要和我一起去找一家中餐馆庆祝一下。我只好随他的意跟他走。我们在小胡同里的一个灯光昏暗的中餐馆吃了一顿"变异"了的中餐，当然是"财大气粗"的袁老师买单。

袁隆平对别人大方，对自己却是非常"抠门"。他没有成名前，收入少，抠门一点可以理解。但是后来工资高了，奖金多了，他还是有这个习惯。穿的虽不讲究，但是简单朴实，整洁得体。吃的方面，他不讲究"丰盛"，但是很注意营养和卫生。

  湖南省农科院在长沙市东郊马坡岭，离市区很远，进城（去长沙）很不方便。虽说有一路公交车（10路车）可以从农科院去长沙火车站，但是车少难等，车上人多，扒手也多。

  作为特殊照顾，政府给袁隆平配有一部专车，这样不仅进城方便，他出差也便捷。其余的人出差，一般是先乘坐10路公交车到长沙火车站，再在那里坐火车，或在附近坐长途客车。二十世纪八九十年代，扒手很多，火车站、汽车站基本上是扒手聚集地。

  年轻人出差机会不多，也比"老班子"警觉性高，加上身强力壮，扒手也怕，所以被扒手危害的不是很多。

  可怜这帮"老班子"，穿得土里土气，一般是中山装，上面口袋里插着一支钢笔，头上有时戴顶干部鸭舌帽，脚上穿着塑料凉鞋，即便是穿着皮鞋，也大多灰蒙蒙的，有的后跟还开了口子。裤子后面有一两个口袋，里面放着钱包之类。手上拎着一个塑料或帆布提袋，里面装着洗漱用品等。

  他们的老家大多不是长沙，乡音难改，一张口就让人知道他们是外地人。扒手们喜欢找这些人下手。我们单位经常有"老班子"被扒了钱。

  我当时不属于"老班子"，过了50岁也成了"老班子"。我也被扒手"照顾"过几次。一次是在市中心逛街购物，口袋里几十块钱被掏光了。还有一次是在中巴车上，夹克衫的口袋被坐在后座上的小偷用刀划了一道大口子，所幸里面没有钱，衣服的损失也不算大，因为我也没有什么值钱的衣服。

  为了防扒手，大家想了不少的办法，有的把钱分开放到不同的口袋里，有的把钱放到手提包的里层，结果被扒手割开的口子更多，有的买了可以放现金的内裤，可是要取钱时就得跑到厕所里去，十分不方便。

  袁隆平因为有专车，基本不用坐公交车和火车。如果坐火车，他也可以走贵宾通道不用排队，所以很少遇到扒手。他对扒手深恶痛绝，很同情受害的"老班子",也为大家想办法。

有一天,他跟我说:"小毛,我有一个好办法了,把钱放在裤子的表口袋里,很安全。"他撩起衣服,从裤子的表口袋里掏出一张100元、两张50元的折成条的钞票,口袋比较深,系上皮带,还真的蛮安全的。他自己掏这几张钞票都费了好大的劲,扒手要在很短的时间里扒走只怕很难。假如扒手用小刀割,不划着人家的肚皮才怪,那就罪加一等了。

他为这个方法很得意,给藏起来的钱取了个名字叫"战备钱",在钱包或其他财物被盗后,只要身上还穿着裤子,就可以拿出深藏的"战备钱"应急。他把这个方法介绍给了大家,确实解决了不少"老班子"的烦恼。有的人特意买了或是请裁缝师傅做了有表口袋的裤子。

时代在发展,技术在进步,由于无现金支付的普及,加上交通的发达,公交车、火车上再也少有人挤人的情况了,大量的扒手也"失业"了。即使扒手偷了手机,没有密码,也无法转走钱。以前为防扒手伤透脑筋的"老班子",现在大多已经是七八十岁的人了,麻烦又找到了他们,在外购物时,他们大多不知道怎么用手机支付。

不过,袁老师基本上不用自己掏钱去购物,年逾九十的他,除有时还要应付一些特别邀请他参加的活动外,就是在家休息。他有睡午觉的习惯,要睡到下午五六点钟。晚饭后继续打麻将,这是他最爱的、能益脑健身的"文娱活动"。他家里请了保姆,外出有人陪同,该付钱时有人为他先垫付,他也不用什么"战备钱"了。

国外共事篇

印度生活体验
在印度的艰辛旅程
在缅甸的那些事
相遇孟加拉国
以色列之旅

印度生活体验

1992年8月,联合国粮农组织聘请袁隆平、邓小林和我,作为杂交水稻技术顾问,到印度指导该国杂交水稻技术研究。袁隆平是组长。

我们在印度进行技术指导的驻地在印度安得拉邦的海得拉巴,它是印度第六大城市。

印度的水稻研究所简称DRR(Directorate of Rice Research),是印度农业研究院(IARI)下属的几个主要农作物协调中心之一,位于海得拉巴的郊区。

DRR很大,四周都有围墙,除了一个设有门卫的大门,还有一个后门,通向水稻试验田。DRR的内部环境不错,院里种满了树木花草。最招人喜爱的是随处可见的松鼠,它们一点都不怕人,在地上跑,在树上爬,毛茸茸的尾巴摆动起来十分可爱。

我们住的研究所招待所,实际上是培训部的学员宿舍,既是办公室,也是住处。我和袁隆平比邻而居。房子和设施非常简陋,房门的左边或右边是卫生间,卫生间安有抽水马桶,虽安有电热水器,可是都坏了。房中摆着一张单人床，床上挂着粉红色的尼龙蚊帐。房顶上安有吊扇。靠床放着一张书桌，正面墙上安着一支日光灯。房间里只有两张椅子，人多时，就只能坐在床上了。

对着床是一扇木头百叶窗，没有玻璃，打开窗子，通明透亮，光线可以进来，蚊子、苍蝇、乌鸦、麻雀也能进来。关上窗子，室内就暗了，透过百叶窗进来的光线只够看清脚下。袁先生最怕苍蝇、蚊子，所以常关着窗户，开着灯在里面看书、写东西。他又抽烟，所以到他房里去，烟味是很重的。

好在房间里有电源插头。袁先生离不开开水，他带着简单的热水器，用口杯接一杯自来水，将电热水器放进杯子里，接通电源，很快就烧开了。我们从国内带来的电器不能直接插到印度通用的插座上，还得用一个转换器。

房间里没有电话，也没有电视。整个招待所只有一台电视机，摆在会客室，还用一个木制的箱子锁住，由专人保管。电视节目也只有两套。因为我们是外国专家，出于对我们的放心，管理员将电视钥匙交给了我们。我们看的时间也不多，因为电视节目包括新闻都使用当地语言。我们在特定的时间收看英语节目，特别是国际新闻，最关注的还是关于中国的新闻。

袁隆平先生对时事很关心，他带着一台索尼牌9波段短波收音机。那是一位日本朋友送给他的，收音效果非常好。他主要是听美国的一些节目和英国BBC的节目。一有重要消息，他就告诉我。他比我先回国，怕我寂寞，走的时候就把这台收音机送给了我，他说回国再去买一台。我一直将这台收音机珍藏至今，尽管音量开关坏了，不能再用。这是袁先生送给我的一份珍贵礼物，也是我们在印度共事的纪念品。

有一次，我们正在会客室里看电视，忽然看到地上有一条一米多长的蛇向我们爬来。我们都紧张起来，又不敢动，只好大声喊招待所管理员。幸好那天管理员在办公室，他跑出来一看，也吓住了。他告诉我们这是眼镜蛇，很危险，切记不能惹怒它。如果惹怒了它，它会主动攻击人。他要我们把脚慢慢缩到椅子上，不要动，让毒蛇自己爬出去。后来眼镜蛇真的爬出去了，我吓出了一身冷汗。

为我们做饭的厨工叫桑格里亚，他就住在研究所附近。他每天都按时为我们做好三餐，烧好热水，还去市场为我们买水果。他虽然不会说太多英语，但很机灵，有悟性。我们只要比比画画，讲些关键单词，他就会明白我们的意思。

每天清早，在早餐做好之前，他会煮好一杯香浓可口的奶茶，蹑手蹑脚地送到我们的房间，轻声说道"Sir, tea"。印度奶茶味道非常好，我没喝几天就喜欢上了。它是这样做的：在煮开的红茶里加入牛奶，也有加水牛奶的，稍加一点糖，印度奶茶味道好，又提神。每天早上喝奶茶是印度人的传统习惯。袁先生不喜欢放糖，就边比画，边很慢地用英语告诉桑格里亚"milk tea without sugar"，他特意把"without"讲得清清楚楚。第二天，袁先生喝的奶茶就没有甜味了。

在印度待过一些时日的人一定会与我们有同感，那就是印度的节假日真多。除了全国统一的节假日外，不同的民族、不同的宗教都有一些自己特有的节日。一到放假，住在DRR的我们几个中国专家就要想法子打发时间了。我们打发时间的主要活动之一是骑自行车去DRR的试验田看田里的稻子，特别是我们最宠爱的杂交水稻。

为了方便我们去试验田，研究所破例为我们一人买了一辆自行车。印度产的自行车比较笨重。坐垫是用硬塑料做的，没有什么弹性，在坑坑洼洼的小路上骑，屁股最吃亏。不过，我们有了自行车，行动方便多了，除了去田间，有时也骑车到附近的地方看看，开开眼界，了解印度百姓的生活情况。

为我们做饭的厨工桑格里亚在印度属于地位很低的人，很少看到有身份的印度人理睬他。可是他对我们很好，服务很周到。袁先生和我对他很满意。他也是平日特别是节假日和我们接触最多的印度人。

有一次节日放假,那天天气蛮好,我和袁先生事先与桑格里亚讲想到他家去看看。

那天,我们从未见他穿过鞋子的桑格里亚穿了一双很旧的皮凉鞋,换了一身不太新但洗干净了的白色衣裤。他骑着自行车在前面带路,我们骑着车在后面跟着。每骑一段时间,他就要回头看看,怕我们跟不上他。骑了大约十分钟,我们来到一个小村镇,这里都是矮矮的房子,各家各户门外都打扫得干干净净,门前的地面上不知用什么颜料画上了美丽的图案,门口摆着鲜花,一看就知道正在举行节日祭祀之类的活动。

到了桑格里亚家门口,他妻子和几个孩子早已在门口等候我们,邻居也都跑出来看热闹。桑格里亚显得格外自豪,我们从来没有看到他这么扬眉吐气的样子。他把我们请进了那矮小的屋子里。尽管在我们来之前他们已经进行了整理和布置,但房子仍然简陋和破旧不堪。他妻子为我们煮了奶茶,还准备了一些印度点心。我们将在当地买的一些食品,还有一点从中国带来的工艺品,连同袁先生和我凑的一些钱送给了他们家。

因为语言不通,我们在他家没有坐太久。我带了照相机,为桑格里亚全家拍了一张合影。这是他们家第一次拍合影。我们离开时,他和他妻子双手合十,不断地说着"丹尼尔蒂"。"丹尼尔蒂",即谢谢的意思。我们请桑格里亚带我们到村子里转了一圈。村民都以好奇的眼神望着我们,也向桑格里亚投来羡慕的目光。此时的桑格里亚昂首挺胸,神气地骑着他的破旧自行车,不时向别人打招呼,也忘了回头看我们了。有几次是我们摁了车铃,他才慢下来等我们。他高兴,我们也高兴。那一天,我们的心情特别愉快。

我和邓小林要按原计划继续考察印度南部的几个地方,袁先生则由印方人员陪同去了海得拉巴。我们再次会合时,已是10月26日上午10点左右,这一天可以算是我们三人幸福的聚会。我们都吃不惯印度带咖喱味的饭菜,许多天没有吃过家乡口味的饭菜了。袁先生让邓小林掌厨,我们自己动手做午餐。虽然准备的时间比较仓促,原材料也不齐备,但邓小林手艺不错,几道带辣味的湖南家乡菜做出来,光是香气就把我们熏醉了,味道嘛,好极啦!三个人狼吞虎咽,饱食一餐。从那以后,只要有条件,我们都是自己做饭菜。招待所的工人按照我们的要求帮我们买回原材料。唯独早餐,是吃他们做好的。

1992年11月7日,我们三人,即袁隆平、邓小林和我,由纬度位置相当于我国三亚的海得拉巴,来到了更南端的泰米尔纳德邦的科因巴托尔(今哥印拜陀)。在泰米尔纳德农业大学水稻育种站及他们的杂交水稻育种试验田,我们和袁先生一起认真地查看杂交水稻育种材料,边看边问。我们发现他们的亲本材料,特别是不育系材料存在不纯的问题。如果亲本不纯,今后生产的杂种也就会不纯,优势和产量都会受影响,这是杂交水稻育种致命的问题。

看完田间情况之后是座谈交流。座谈是在一棵老杧果树下进行的。大家围坐在一张简单的桌子旁,桌子上面铺着桌布,摆着用三角玻璃瓶插着的几朵鲜花。印度人是喜欢鲜花的。试验田周围到处都有椰子树,我们每个人有一个砍开了的椰子,喝椰子水解渴。在座谈中,袁老师逐个指出了他们技术上的问题,他们也认真地记录着。

1993年,在第二次去印度期间,我们又去了泰米尔纳德农业大学,实地指导他们的杂交水稻育种。

2012年,泰米尔纳德农业大学的水稻育种站成立100周年,他们邀请袁隆平和我去参加庆祝活动。袁先生由于当时去不了,就写了一封祝贺信,让我带过去。贺信的内容是:"值此泰米尔纳德农业大学水稻育种站100年庆典和'水稻科学与展望国际研讨会'在印度泰米尔纳德邦科因巴托尔泰米尔纳德农业大学举办之际,我谨表示最热烈的祝贺。中国国家杂交水稻工程技术研究中心主任袁隆平教授,2012年1月1日。"

在水稻育种站，当年接待过我们，后来到中国进行过培训，已经75岁还没有退休的冉嘎斯瓦米教授拿来了该站的《贵宾签到簿》（第一卷，1929—1997年），在上面找到了1992年11月7日袁先生以"中国湖南杂交水稻研究中心主任"身份在签到簿上写下的留言："在你们杂交水稻研究项目中，必须注意亲本材料的纯度。"

现在看来，当时袁先生是一点也没有客气，直截了当地给出了他的意见。我的留言就客气些，中文意思是这样的："印度历史最悠久的水稻育种站，不仅具有常规水稻，也具有杂交水稻育种的极好条件，我们希望你们的项目获得成功，致以良好的祝愿！"

到现在，印度许多研究杂交水稻育种的科学家，都佩服我们中国人对待科研的严谨态度。

在印度的艰辛旅程

1992年11月2日晚上9点半,由伊利亚斯和马斯两位陪同,袁先生、邓小林和我,一起坐DRR派的车去海得拉巴火车站,准备搭乘火车去安得拉邦的另一个城市。

我们到达火车站广场时,感到情况有点异常,那里没有几个旅客。进入车站后,看到一列火车停在站台旁,车头上、车厢内外都是人,有人扒在车门上,月台上有人来回走动,也有人指手画脚,不知道在喊着什么。爬在车上的人,有的拿着旗帜,有的拿着棍棒、农具,看上去大多是农民。

伊利亚斯和马斯了解情况后,告诉我们:火车停开了,我们走不成了!停开的原因是,有一群当地农民,要乘火车去首都新德里示威。伊利亚斯和马斯只好快快地领着我们赶快离开了车站,回到我们在DRR的驻地。

我们这次在印度待的时间并不长,外出也不多。即便如此,这样那样的示威,我们也遇到过不止一次。有一次,我们的车在经常走的一条路上突然被拦住,不得不改道而行。原来该地段有一个人被打死了,附近的人设立路障阻塞交通进行示威抗议。

11月6日7点左右,我们三人从驻地出发,搭乘早上8点40分的飞机从海得拉巴飞往印度第四大城市马德拉斯(今金奈)。此行,我们是专门来拜访国际水稻研究所退休的前所长斯瓦米纳森博士的。斯瓦米纳森博士是印度最早开始杂交水稻研究的科学家,被称为印度的"杂交水稻之父",获得过"世界粮食奖"。

袁隆平和我都与斯瓦米纳森博士有很深的交情,我们曾在菲律宾和中国多次会面,但在印度见面还是第一次。

因为行程安排很紧,我们下飞机后直接驱车到斯瓦米纳森博士工作的斯瓦米纳森研究中心。斯瓦米纳森博士是个大忙人,他虽然早就知道我们要来,也很期待见到我们,但是不巧的是他还要外出开会。他安排十余名研究人员和我们进行了学术交流,实际上是由袁先生作了一个关于杂交水稻研究的学术报告,然后展开讨论。

下午1点左右,斯瓦米纳森博士赶来和我们见了面。他见到我们特别高兴,和袁先生拥抱后又亲切地询问我的情况。他饶有兴趣地带我们参观了他的生物工程实验室,介绍了他们的研究新成果。他想留我们住一天,但我们买了下午去科因巴托尔的机票,只好告别。到科因巴托尔机场迎接我们的是泰米尔纳德农业大学的瓦迪那山博士。

袁隆平两年前曾经访问过这所有近百年历史的农业大学,作过一场学术报告,大家都认识他。当年,袁先生还在这里栽了一棵树留作纪念。我们三人作为联合国粮农组织印度杂交水稻项目的中国专家,主要是来了解他们的两系杂交水稻研究情况和育种材料并进行技术指导的。我们被安排在农业大学的招待所住下,稍事休息。袁先生吃不惯印度饭菜,提出要找一家中国餐馆吃饭。于是,瓦迪那山博士带我们到市内的一家估计是藏族人开的叫"饭碗"(Rice Bowl)的中餐厅吃晚饭。这家餐馆内外布置充满藏族特色,墙上挂着唐卡、藏刀等，点着酥油灯的神龛上供奉着一尊神像。几个身着藏族服装的青年男女，为客人们端菜送饭。

7日上午，出差回来的课题组组长冉嘎斯瓦米教授带我们去他们的试验田，看了他们自己选育的温敏型两用不育系材料，一共有七个株系。我们还参观了该校建立于1912年、印度历史上最悠久的水稻育种站。随后，袁先生提出了一些如何进一步鉴定温敏不育系起点温度的建议。印度同行们表示非常感谢。

年过花甲的冉嘎斯瓦米先生一定要请我们到他家吃午饭。盛情难却，我们去了他家。这是一个有十几口人的大家庭。我们已不是第一次到印度人家中做客了。一进他家，他夫人首先出来双手合十迎接我们。他夫人是一位典型的印度老太太，身披色彩美丽的纱丽，手上和脚上戴满了五颜六色的镯子，耳垂上戴一对镶了宝石的金耳环，两眉之间点着深红色的朱砂印，非常慈祥的样子。我们也学会了一点简单的礼貌手势，回了礼，坐了下来。主人家特意播放从中国带回的音乐舞蹈录像，使我们有了回家的感觉。他们家的孩子都很可爱，也很懂礼貌。饭后，我们和他们全家在他家门口合影留念。

下午，冉嘎斯瓦米先生陪同我们到了科因巴托尔机场，我们准备搭乘经转班加罗尔回海得拉巴的班机。到了机场才知道，该航班已经取消，而且接连三天都没有去海得拉巴的航班。我们非常着急，冉嘎斯瓦米先生比我们更着急，额头上都冒汗了。然而，他却不停地对我们说："不要着急，我会帮你们解决问题。"他让我们坐在候机室里，他东奔西跑忙活了二十多分钟，然后走到我们面前说，他算了一下时间，我们可以乘出租车从这里赶到班加罗尔，路上用六七个小时，再从那里搭乘飞机回海得拉巴。袁先生一听，有些为难，要坐出租车走六七个小时，怕不安全，还怕路上延误。冉嘎斯瓦米先生说不要紧，他陪我们去。这下我们比较放心了，反正没有别的办法可以选择。

冉嘎斯瓦米先生招手叫来一辆出租车，他和司机讲了些什么后，让我们上车。这是辆印度国产的大使牌小车，已经很旧了，前后座位的垫子有一些破烂，空间不大，后排坐三个人会很挤。为了袁先生的安全，我们请他坐在中间，我和邓小林坐在他的两边。冉嘎斯瓦米坐在副驾驶座位上。我还特意记下了车牌号以防万一。冉嘎斯瓦米让出租车先开到他家，匆匆忙忙拿了洗漱用品、换洗衣物和钱后，我们就直奔班加罗尔。

出发时，我看了一下手表，快下午6点了，天渐渐黑了。为了安全，我把车门锁死了，同时一直要冉嘎斯瓦米先生告诉司机不要开得太快。车在路面状况较差的路段上行驶时，就像是坐蹦蹦车，灰尘也大，我们在车里明显感到鼻子里灌进了灰尘。

我坐在袁先生左边，左手紧紧抓住车门把手，身体往左边靠，尽量不挤着坐在中间的袁先生。邓小林坐在袁先生右边，和我一样，也尽量多给袁先生一点空间。三人的腿都长时间弯曲着，想动一动都很费力。幸好天气凉快，挤在一起也不热。起初大家都提着神，连眼睛都不敢眨。过了没多久，袁先生实在累了，先打起了瞌睡，后来我们也困得迷迷糊糊了。

不知什么时候，车在路边停了下来，我们都下了车。一看表，快11点了。冉嘎斯瓦米先生在路边的茶摊上买了几杯热奶茶和一些点心，要我们坐下休息休息，喝点茶解解困。袁先生下车后第一件事就是从口袋里拿出香烟，点上火猛抽起来。他对口渴的耐受性比别人强，唯独烟瘾难熬。可能是不渴，但更可能是怕不卫生，袁先生没有喝奶茶。我们喝完茶，袁先生抽完烟，大家伸展了一下手脚，舒服了很多。

车继续在夜色中前行，为了不打瞌睡，我们在车中不停地交谈。突然间，一个急刹车，我们的身体都冲离了座位。我和邓小林都差点碰伤头，我们都本能地扶住了袁先生。他说没事，我们才放下心来。原来，司机看到路上有一头行走的牛，他踩了急刹车。在印度，牛是受到尊敬和保护的，哪怕是在大城市的主要街道，只要牛在马路上行走，所有的车辆都要为它让路，伤了牛是犯大罪的。

透过车窗，我们看到沿途的灯光越来越多，路面状况也好了许多，估计是到了城市附近了。车又前行了一段路，拐了几个弯之后，停了下来。冉嘎斯瓦米先生说已经到了班加罗尔，但要住在这里等到天亮，再去机场。我们下了车，看了一下表，已经是11月8日凌晨快3点了。我们被带进了一家小旅馆，我和冉嘎斯瓦米先生去办理住宿手续，他们两人坐在一旁休息等候。袁先生如获大释般立刻抽起烟来，他看上去疲倦得很。

办好手续，我们以为冉嘎斯瓦米先生会随出租车回科因巴托尔，他却坚持要将我们安全送到海得拉巴。我们真的很感动。

袁先生住进了仅剩的一个单间。我和邓小林住一个双人间。冉嘎斯瓦米先生要我们不要管他，他自有安排。我们太困了，也顾不上他了，也许他根本没有在房间睡。我们各自稍稍洗漱了一下，倒到床上就进入了梦乡。

天刚亮，我们被冉嘎斯瓦米先生叫醒，一看表才6点40分，才睡了三个多小时，实在不想起来，但为了赶飞机，只好爬起来。后来，我们才发现，三个人脸上都有不少被蚊子叮咬过的红点，奇怪的是不怎么痒。原来这家旅馆的房间都没有安纱窗。

下午，我们乘飞机回到海得拉巴的驻地，疲惫不堪的我们都美美地睡了一觉。我在蒙眬之中听到有人敲门，打开门一看是袁先生。他一边抽着烟，一边对我说："小毛，刚才有人来通知，今晚上'精怪'请我们吃饭。他等一下会开车来接我们。"袁先生说的"精怪"，是曾经在中国参加过杂交水稻技术培训的印度人伊希·库玛博士。凡头脑灵活、精明的人，袁先生都喜欢称之为"精怪"，是褒义。伊希·库玛博士确实很精明能干，他是唯一一个被袁先生定名为"精怪"的印度人。

伊希·库玛博士确实精明，他知道我们特别是袁先生喜欢吃中餐，特意找了一家小有名气的中国餐馆。其实,他和他夫人也很喜欢吃中国菜。他俩来过中国几次,每当请他们吃饭,他们都对中国菜赞不绝口。那天晚上,伊希·库玛夫妇和我们一起吃饭、聊天到很晚。尽管这家印度中餐馆的中国菜不太地道,调味料中还有咖喱成分,但我们还是饱饱地吃了一顿,要是身体能很好吸收的话,应该多少可以挽回一些被蚊子咬的损失。

在缅甸的那些事

水稻是缅甸的主要粮食作物，种植面积不小，也略有出口，但单产很低。为了提高缅甸的水稻产量，也考虑到在该国以水稻代替罂粟的种植问题，联合国粮农组织决定在该国发展杂交水稻。1996年，联合国粮农组织设立了代号为"TCP/MYA/9612"的杂交水稻项目，邀请中国专家去缅甸进行技术指导。中国专家组的组长是袁隆平，副组长是我，组员有湖南杂交水稻研究中心的郭名奇和邓应德。

从1997年到1999年，我们共去缅甸执行了四次杂交水稻技术指导任务，其中1997年3月22日到4月5日和1998年4月22日至5月13日，是袁隆平先生和我们一起去的，其余两次是我带队去的。

第一次去缅甸是在1997年3月22日，星期六。袁隆平和我去缅甸进行考察，先了解情况后再制订详细的计划。当时我已调离了湖南杂交水稻研究中心，在广西农科院杂交水稻研究中心任副主任。因为昆明设有缅甸领事馆，又有缅甸国际航空公司的飞机往返于昆明与仰光之间，我和袁隆平先生电话约定，于3月22日分别从长沙和南宁飞抵昆明，住在茶花宾馆。我们两人又是很长时间没有见面，相见后高兴得不得了，几乎聊了整整一个晚上。我们在昆明办好签证和机票，第二天乘坐缅甸国际航空公司的飞机到达仰光机场。

从机场入关时发的一张小纸条上，缅方要求每位入境者必须按照一美元兑换六缅元的比率兑换200美元的缅币，还要求入境者把手机放在海关，等离开缅甸时再还给本人。我们乖乖地照办了。我们出了机场，见到来接我们的联合国粮农组织驻缅甸办事处的人员。他们告诉我们，其实可以不在机场兑换缅币，出了机场兑换率要高出几十倍。手机只要取出电池，带进关也没问题，反正在缅甸也打不了手机。

在缅甸的仰光，我和袁先生被联合国粮农组织的人安排住在一个两层楼别墅式私人旅馆，它位于仰光市的学院大道。这个家庭式的旅馆，房间很大，家具都是用名贵木材做的，24小时有热水，有空调、冰箱，电视机可收看几个外国电视台的节目。这家旅馆更大的优点是服务非常周到，想吃什么饭菜，只要市场上买得到原料，老板娘和她那几位能干的女儿就会为我们做好，还帮我们洗衣服。另外，发传真，打国际长途电话，买邮票寄信，在店里都可以实现。

令袁先生最为满意的是，这里吃的食物卫生，味道也不错。房价并不贵，包早餐和洗衣服，每天才22美元。我们每次来仰光都住这里，一直是这个价。几年下来，我们还和老板一家成了朋友。我们有时带点中国小礼物给他们，他们高兴得不得了。

从旅馆出来往右拐，不远处就是仰光市的一条主要街道。在十字路口不远处，有一家名为"福山饭店"的中餐馆。从外面看，它很像一座中国寺院。后来，袁先生和我经常一起到店里吃中餐。

在仰光的前两天，我们到联合国粮农组织驻缅甸办事处以及缅甸农业与灌溉部，去与他们讨论如何进行技术指导，以及办理一些相关的手续。第三

稻济天下 / 袁隆平鲜为人知的故事

天，由缅甸中央农业研究所水稻系的一位名叫吴明安的技术人员陪我们去中央农业研究所。该所设在缅甸中部山区小城彬马那附近一个叫叶津的小镇上。从仰光去那儿，只有火车和汽车，我们被安排坐火车去。

1997年3月25日下午4点多，联合国粮农组织派车把我们三人送到了仰光火车站，搭乘由仰光开往缅甸第二大城市曼德勒的一趟车。粮农组织为我们买了最好的车票——硬卧车票。在缅甸，火车没有软卧。下了汽车，吴明安帮袁隆平先生提行李，我自己提着行李，还不时关照着袁先生，生怕有什么事情发生，好在这里的社会治安还不错。

离开车还有十多分钟，我们已进了站台。袁先生抽着烟和吴明安用英语聊着天，得知吴明安是在美国读的硕士学位，现在也从事水稻育种研究，对杂交水稻技术还是刚刚听说。我边参加聊天，边好奇地看着眼前的一切。因为是第一次到这个神秘的国度，也是第一次坐他们的火车，确实有点新奇感。

袁先生抽完烟后，我们就上车了。卧铺在中间几节车厢，吴明安告诉我们，这是为了安全。他把我们的行李提进了车厢。我们原以为他也会和我们在一个车厢，他说他的职级只能坐硬座。他叮嘱我们注意安全后，匆匆去他的车厢了。

我们这个格子里有上下两个睡铺，小桌子旁边有两个放下来的座位，晚上可以将格子的门关上，别人进不来，比较安全。车开之前，袁先生又抽了支烟，他将头探出车窗，仔细地看着车站里的景物。

车开动了。在仰光附近，车行得还算平稳，车速不快。离仰光越远，车颠簸得越厉害，有时简直就像是在蹦跳着前进。开了没有多久，车就在一个小站停下来让车。一路上，火车几乎见站就要停，还要不时停车让对面来的车先过。对面的车驶过时，铁轨仿佛都在上下弹跳。

天渐渐黑了下来，外面慢慢什么也看不见了。我们就坐着聊天。后来实在累了，袁先生躺到铺上，不知不觉就入睡了，不管车如何晃、如何蹦，他都在睡着。他身上盖的毯子几次掉了下来，我捡起来为他盖上。我没有爬到上铺去睡，上去睡肯定很危险，难免摔下来。我就坐在座位上，一边也关照着袁先生。我知道自己的责任，此时此刻，不能让袁先生有任何危险。

车继续前行，我也越来越困倦了，但不敢大意，尽量撑着眼皮，看护着袁先生，防止每次火车拐弯或是颠簸时他被摔下来。

我脑海里不时想起1992年和1993年我和袁先生在印度度过的那些艰辛的日子，他冒着酷暑烈日，也冒着被蚊虫、毒蛇咬伤的危险，在印度的田间、乡村指导杂交水稻技术。今天来到缅甸，他又要面对新的艰辛。

为了让袁先生睡觉不受影响，我关了车厢里的灯。每当车在小站停下来时，借着透过车窗照在袁先生脸上的光，我看到他睡得很香，心里却不是滋味。这位半蜷着身子熟睡的竟是世界知名、许多国家元首接见过、获得过许多国际大奖的"杂交水稻之父"袁隆平先生。都快70岁的人了，有声望，不缺钱，也不缺舒适的生活和工作条件，若不是为了实现他的理想，让杂交水稻造福于全人类，他有必要来受这种罪吗？这不是崇高的国际主义精神又是什么？这不是伟大的奉献精神又是什么？想着想着，我的眼眶湿润了。

人们从电视上、报纸上看到的袁先生大都是他获得荣誉之时，可谁知荣誉的后面有多少艰辛！袁先生真的是既平凡又伟大。

到了下半夜，我越来越撑不住了。等我睁开眼睛，看到身上已盖上了一床毯子。袁先生已坐起来，在一个劲地抽烟。我问："袁老师，您为什么不睡了？"他说："我被蹦醒，睡不着了，你睡吧。"我也醒过来了，没有再睡，一直和袁先生坐着聊天，也谈到了如何把缅甸的顾问任务完成好。袁先生分析得有道理，他认为缅甸本身的技术力量比印度差得太远，我们虽然帮助印度取得了成功，但要在缅甸取得成功难度会更大。

3月26日，天刚蒙蒙亮，车在彬马那站停了下来。这是一个位于仰光与曼德勒之间的小城市，缅甸中央农业研究所就在离这个城市十几公里的一个叫叶津的小镇上。我们的技术顾问工作主要在那里进行。吴明安很快过来接了我们。缅甸中央农业研究所派了一辆面包车等在车站外面。经过20多分钟，我们终于到了研究所的招待所。上午休息，下午和研究所的领导见面。

吃过中午饭，袁先生对我讲："小毛，下次我们不要再坐火车了，太难受了，也危险。"我们从叶津回仰光时，请缅甸中央农业研究所派了一辆小轿车送我们。尽管比坐火车好一些，但一路上又是另一番辛苦。

袁先生建议不坐火车是有道理的，确实很危险。1988年，我们这个四人专家组中的邓应德在坐火车返回仰光的半路上，火车被炸，几节车厢翻到了路旁，死伤多人，邓应德没有受伤。后来他一提起这件事就后怕不已。

乘小轿车从叶津回仰光的经过，也是令人永世难忘的。不到400公里的路程，我们走了整整一天。缅甸中央农业研究所派的小轿车是所长的专车，算是所里最好的车了，司机也不错，驾驶技术很过硬。1997年3月31日，我们清早从研究所出发，沿南北国道干线一直往南开。这条公路往北经过曼德勒可一直通到中缅边境。路面不宽，因多年失修，坑坑洼洼，两旁都是几十年上百年的大树。两辆车会车时要减速不说，过桥更是要等很久，因为几乎沿途的每一座桥都窄得只能容一辆车通过，一个方向的车过完，另一个方向的车才能过。两头放车的人扬着红、绿旗互通信号。车过桥时，严格限制速度，因为桥大多是1942年至1945年期间建的铁桥。我们的车慢慢经过时，我清楚地看到桥的钢梁上用英文刻写的年代。桥也年久失修，锈蚀得很厉害。有不少桥加了一些支架，防止倒塌。沿途一些地方在修补柏油路面，因为4、5月份是这里最热的季节，又是旱季，是修补公路的最佳时节。我们的车走走停停，过不多远就要被堵一段。

工人们用废汽油桶将柏油烧融化，用铁瓢浇在要修补的地方。几个打赤脚的妇女和儿童，用头顶着小竹筐，竹筐里面装着碎石，他们将碎石倒在浇了柏油的地方。一个男工用一块不大的石头敲一敲、压一压，就这么慢悠悠地干着。快到仰光时,我们才看到路上有一辆中国上海制造的压路机在工作。

每年4、5月间是缅甸的盛夏,烈日当头,气温高达40多摄氏度。我们好不容易熬到吃中午饭的时候,但是想找一家像样的卫生一点的餐馆都难,更不用说中国餐馆了。无奈,我们只好在一间小排档前停了车。我们坐的车空调坏了,我和袁先生坐在后排,热得几乎受不了,只好打开窗子透透气,口也渴得不行,带的茶水早就喝完了。下车后,我们揩干汗,想找点开水喝。缅甸人是喝惯了凉水的,几乎家家户户都有盛凉水的瓦罐,里面的水也很清凉好喝。我喝习惯了,没有什么问题。可袁先生有过敏性肠炎,喝不了凉水,就让店家烧了点开水给他喝。吃饭时,为了不拉肚子,还是老规矩,每盘菜的上面和下面,袁先生都不吃。我们为他要了几份现炒的菜和一碟油炸花生米,他把花生米的皮去了,吃得很香。走之前,我们又将路上要喝的茶泡上。餐费又是袁先生付的。

吃完饭,我们问了吴明安,到仰光还有多远,要走多久。他说才走了不到一半的路程,要走多久,什么时候到,就说不准了。我和袁先生重新钻进了车里,一路上又热又累。天渐渐黑了。车经过一些前不着村后不着店的地段时,路两边一片漆黑,心里真有点发怵。

到了离仰光不太远的一个城镇时,我们实在饿了,司机也累了,停车找了一家饭店准备吃晚饭,一看表已是晚上九点多了。不过,我们倒是放心了一些,因为天气凉快多了,肚子也填饱了,路上的车辆也多起来了,路也平坦了不少,自然增加了不少的安全感。到仰光后,司机将我们送到旅馆,我按了门铃,老板起来给我们开了门。等我们躺下睡觉时,已是凌晨2点多了。事后,袁先生说,坐汽车还是比坐火车自由一点,也舒服一点。

帮助缅甸发展杂交水稻,首先要了解缅甸现有水稻品种的产量和品质。1997年3月29日上午,缅甸中央农业研究所水稻系的主任朵金丹娆(在缅甸,对妇女的称呼都要在她们的名字前加一个"朵"字)和她的助手吴明安陪我和袁先生去了彬马那。那儿到处都是小店铺，也有一个较大的集市叫"彬马那大市场"，市场里摊位很多，什么东西都有卖。袁先生提议去看看粮店里卖的米是什么样子。

我们在仰光时也去街上看过米店，那里的米店就是政府开的粮店。我们进粮店内看了所卖的米，只有一个等级，比我们国内过去粮店卖的标三米还差，米里夹杂着未碾掉谷壳的稻谷和沙子，米色也不好，有点像陈米。

在彬马那大市场，我们很快就找到了几家米店。这里卖的米和在仰光见到的大不一样，店里有十多种米出售，有长粒型类似泰国米的品种，也有很好的糯米、香米。袁隆平先生看得特别仔细，把手伸到米堆里掏了几把，将下面的米翻上来，看了之后还问朵金丹媤，为什么这里的米比仰光粮店卖的米好很多。回答是这里的米店是自由市场私人米店。米好，价格也高许多。这里卖的米看上去确实不错，新鲜、洁白、油润发亮，用牙咬咬，嘣嘣响，有的还有米香。袁先生又问了这些品种的产量情况。朵金丹媤告诉我们，这些大多数是农民种了几十年、上百年的老品种，产量非常低，所以价格才贵。有钱人常到这里买些好米带去仰光。袁先生告诉她，现在中国市场上的稻米质量普遍都比较好，价格也比较便宜，主要是推广了杂交水稻和其他优良品种。如果今后杂交水稻在缅甸试验推广成功，那么普通老百姓就可以吃到便宜的优质大米了。

我和袁隆平第一次到缅甸，很重要的一个任务就是要见到缅甸的农业部部长或其他相关的高官，让缅甸政府重视杂交水稻，支持杂交水稻的发展。杂交水稻在中国，以及后来在印度、越南成功推广的经验告诉我们，国家和政府的支持十分关键。我国从中央到地方，各级政府都给予杂交水稻很大的支持，特别是农业行政主管部门。

我们到达仰光后的第三天，即 1997 年 3 月 24 日，星期一，就被联合国粮农组织驻缅甸办事处工作人员安排去缅甸农业与灌溉部和部长以及有关

⊙袁隆平为印度第一个杂交水稻实验室剪彩。

⊙1998年,袁隆平在田间指导缅甸学员。

⊙缅甸科研人员陪同袁隆平考察当地大米市场,了解稻米品质情况。

⊙2001年5月,袁隆平在孟加拉国指导杂交水稻技术。

官员见面。我们驱车到了那里，被告知部长处理别的事去了，不能见我们。我们只见到了他下属的农业服务司的司长。3月26日上午，我们接到通知，下午农业部部长会来中央农业研究所，到时会接见我们。

我们在寝室里等着。房间里没有空调，只有电扇，3、4月间正是盛暑季节，我们身穿西装革履，身上都出汗了。等呀等，一直等到快吃晚饭了，还没有人来找我们。正纳闷，中央农业研究所所长杜昂博士进来了。他说，实在对不起，部长临时改变了行程，来不了了，但有几位下属官员刚到，要我们等会儿一起去吃饭。

1997年7月，缅甸加入东南亚联盟之后，国家的经济建设和民主化进程都有了很大的发展。2002年9月，我和袁隆平先生去北京参加世界水稻大会时，见到了来开会的杜昂博士，他已被提升为正司级，成为缅甸农业与灌溉部农业技术服务司的负责人了。2005年12月15日，我国的《参考消息》上刊载了一篇题为《探访缅甸神秘新都彬马那》的文章，详细介绍缅甸正在建设中的新首都彬马那，它就是当年我和袁隆平先生去过的那个小城镇。

相遇孟加拉国

我和袁隆平在孟加拉国首都达卡见面,是在 2001 年 5 月初。当时我是作为亚洲开发银行(ADB)和国际水稻研究所(IRRI)亚洲杂交稻的项目科学家,在国际水稻研究所工作,去孟加拉国是为了参加该项目召开的负责人年会。

在该项目中,中国是技术支撑国,印度、孟加拉国、印度尼西亚、越南、菲律宾、斯里兰卡等国是技术接受国。袁隆平既是中方的项目负责人,又是技术总负责人。这是袁隆平第一次到访孟加拉国。

4月30日下午,袁先生从国内打来长途电话告诉我,他正在准备去孟加拉国参加年会的材料,请我在他发言时,为他操作多媒体投影,还请我为他修改报告内容。袁先生说,他将于 5 月 6 日晚上到达卡。那天,他的秘书辛业芸也多次打电话给我,安排袁先生到孟加拉国参会的事。

孟加拉国当地时间 5 月 4 日上午 11 点前,我接到了万宜珍打来的电话。她正在为袁老师准备技术委员会的报告。袁先生是技术委员会负责人,他是一定要作这个报告的。中午时分，他的报告文稿传过来了，但是在国际水稻研究所的电脑上显示的是乱码。

在袁先生到孟加拉国的前几天，我就已经到了达卡。会务组接到一份由香港转来的传真，内容是请孟方以高规格接待袁隆平。他的到来，确实使与会的人都很高兴，因为"杂交水稻之父"亲自参加这类会议很难得。

我和袁先生又有很长一段时间没见面了。两人在异国他乡见面，格外高兴。我们开会的酒店在达卡市中心的主要街道上，是当时达卡为数不多的高层建筑之一。5月8日的傍晚，我和袁先生相约到外面散步，看看街景。

我们先乘电梯来到酒店的顶层，环视了一下达卡的市容。然后，我们一起到酒店附近走了走。我们经过一个菜市场时，卖菜的当地人居然用中文和我们打招呼，还能用中文说出一些蔬菜的名字。我们也很高兴地与他们打了招呼。

袁先生一直吃不惯印孟食物，最不喜欢咖喱味。他记起了那天是我的生日，提出去找一家中餐馆吃晚饭，为我庆祝生日。我欣然同意。以前我们一起在印度和缅甸时，经常一起去当地的中餐馆改善伙食。但我向他解释，我的生日是阴历五月初八。我们找了一家有档次的中餐馆，一再叮嘱店员"不放咖喱，少放辣椒"，饱食了一餐已经非常本地化了的所谓中餐，最后买单的又是袁先生。

由于袁隆平的参会，这次年会举办得非常成功。三天会期中有一天是去孟加拉国水稻研究所参观，我们也去看了孟加拉国农村发展委员会下属公司的大面积杂交水稻制种基地。孟加拉国农村发展委员会是世界上规模最大、商业化最好的跨国非政府组织，在扶贫和发展农业方面成绩显著，在国际上有很大知名度。

在孟加拉国水稻研究所参观时，我们遇到了三个从国内来的年轻小伙子。一交谈才知道，他们是从湖南来的，在这里执行联合国粮农组织（FAO）

一个南南合作项目，也是水稻项目。在异国他乡能见到中国人，尤其还是湖南老乡，我们都格外高兴。他们说，在湖南都不一定能见到袁老师，想不到在这里见面了。

会议期间，我向袁先生提出了几个建议，他都采纳了。

第一，与国际水稻研究所的杂交水稻专家费马尼博士合写一本关于杂交水稻的专著在国际上发行。

第二，在计划于2002年5月在越南河内召开的"第四届杂交水稻国际会议"上，用"袁隆平奖励基金"首次为国外的对杂交水稻研究有贡献的科学家颁奖，把奖励基金的影响国际化。以前几届的得奖人都是中国人。我们初步商定，给三个外国人颁奖：第一个是越南副总理阮功丹，他一直支持发展杂交水稻；第二个是国际水稻研究所的费马尼博士；第三个是印度人巴威尔，他是一位企业家，他和他儿子对印度的杂交水稻发展贡献和影响很大，对袁隆平也很敬重，对中国也很友好。

第三，今后一定要为参加杂交水稻培训的学员，不管是中国的还是外国的，买保险。

第四，2001年6月份，我将陪同国际水稻研究所育种系主任、世界知名水稻育种专家库西博士到中国访问。我们会先去湖南杂交水稻研究中心，然后去广西农科院，希望袁先生能和我们一起去广西。他满口答应了。

以色列之旅

2004年，袁隆平被提名并获得了号称"小诺贝尔奖"的以色列"沃尔夫基金奖"，简称"沃尔夫奖"。这个奖在国内很少有人知道，但是在国外，它是很有影响力的。沃尔夫基金是著名的投资家、外交家和慈善家里卡多·沃尔夫博士（1887—1981）与他的夫人弗朗西斯卡·苏比亚娜·沃尔夫（1900—1981）为了造福人类，促进科学和艺术的发展而设立的。这个基金除沃尔夫奖外，还为以色列的大学生、研究生提供奖学金。从1976年到2004年，已有5250名以色列的优秀大学生获得了该基金提供的奖学金。

从1978年开始，沃尔夫基金每年要在全球范围奖励五六名杰出的科学家和艺术家，不论其国籍、民族、肤色、宗教信仰、性别和政治观点如何，只考虑其对人类的贡献。每一奖项包括十万美元奖金和奖励证书。到2004年，已有21个国家的224名科学家和艺术家获得这一奖项。

2004年的沃尔夫奖获奖者共有十人，袁隆平是唯一的中国人。除袁隆平外的九人中，美国人五名，英国、俄罗斯、比利时、阿根廷各一人。授奖仪式确定于 2004 年 5 月 9 日下午，在以色列首都耶路撒冷国会大厦的议会大厅举行，由以色列总统为获奖者颁奖。

袁隆平在年初就知道自己获奖了，他还被以色列驻中国大使馆邀请，于 4 月 26 日去北京参加了 4 月 28 日以色列的独立日庆祝活动。

而我则是因为和以色列的一家生物技术和种子公司建立了联系，他们想将生物技术与杂交水稻技术结合起来，开始杂交水稻研究。该公司的总裁和技术人员先后到广西农科院进行了访问，每次都是我接待他们。该公司想通过我和袁隆平的密切关系，与袁隆平进行合作。当公司知悉袁隆平获得了"沃尔夫奖"，要前往以色列领奖的消息后，就邀请我在袁先生领奖期间到访以色列，并在那里与袁隆平领导的机构签署合作协议。

袁隆平和罗闰良比我早到特拉维夫，他们被沃尔夫基金会安排住在耶路撒冷一个五星级酒店。"沃尔夫奖"获得者都住在那里。我们三人在异国他乡见面，感到格外亲切。

袁隆平是个好奇心重、闲不住的人。他提议，好不容易来一趟以色列，要抓紧时间多转转，多看看。

5 月 8 日白天，沃尔夫基金会专门安排获奖者和陪同人员坐大巴车去参观耶路撒冷新城和老城区。晚上，袁隆平去了以色列著名的希伯来大学农学院参观和作报告。袁隆平在希伯来大学农学院的报告很受欢迎，他还向希伯来大学图书馆赠送了几本杂交水稻方面的书。

"沃尔夫奖"授奖仪式安排在 9 日（星期天）下午，晚上是沃尔夫基金会的晚宴。

我们按时到了举行颁奖仪式的地点——议会大厅。"沃尔夫奖"授奖现场庄严肃穆，本次获奖者有十人，在印发的十位获奖者名单上，袁隆平处于第一位，到场领奖的只有八位。

以色列总统给袁隆平颁奖时，全场响起热烈掌声。袁隆平作为两位在农业科学领域获奖者的代表致答谢辞。这个领域另一位获奖者是美国康奈尔大学的一位教授。按照规定，一个获奖领域只能选一人作为代表致答谢辞。

仪式结束之后，我们打开了袁隆平获得的奖励证书看个究竟。它是卷起来放在一个圆纸筒里的，纸筒外面是褐色。在议会大厅的休息区，国内来的记者们围住了袁隆平，先是向他表示祝贺，接着是采访和交谈。

5月11日和12日两天，我们还在以色列进行了参观访问。

11日上午，我们一起去了魏茨曼科学研究所，由两位农业科学方面的获奖者——袁隆平和美国康奈尔大学的教授作学术报告。

12日下午3点多，袁隆平到中国驻以色列大使馆，作了杂交水稻方面的科普报告。

在以色列期间，袁隆平代表中国国家杂交水稻工程技术研究中心与以色列的一家生物技术和种子公司顺利签署了合作协议。

这次以色列之旅让袁先生和我都终生难忘！

敬仰恩师篇

○●○

当代伯乐袁隆平

袁隆平题字

「世界粮食奖」

「袁隆平农业科技奖」

恩重如山

中外院士访问广西

杂交水稻走向世界的历程

当代伯乐袁隆平

他不是"杂交水稻之父"袁隆平吗?怎么又成了"当代伯乐"了呢?没搞错吧?

没错,就是他!就是袁隆平院士。他不但是杂交水稻专家,还是培养人才、使用人才方面的专家。不信,听我慢慢道来。

我与他共事多年,在他的身边当助手,深深体会到:他有独到的人才观和用人哲理,有的时候真的让人叫绝。

古代伯乐,我无法了解其生平。但是至少可以推断,伯乐是养马专家,养过很多很多好马,所以他能"懂马性""知马力";而且他一定是一名优秀的骑手,精通马术,能驾驭烈马良驹。还可以推断,伯乐在养马、识马、骑马以及玩马诸方面一定是能手,他鉴赏出来的马,一定能够驰骋疆场,帮助主人杀敌立功。伯乐也绝不同于一般的马贩子,卖马唯亲,唯利是图。

古代伯乐要是一会儿养马,一会儿卖烧饼,一会儿想到衙门里做官,他能成为相马的行家吗?肯定不能。袁隆平就是这种心无旁骛、专心致志搞科研的人。

　　湖南省政协要他做副主席，他不肯。经过沟通，加上我们鼓励，他勉强接受了这一职务，但提出了条件："我还是搞我的杂交水稻研究，政协一般会议我不参加，顶多出席一下开、闭幕式。"谈妥后，他做了几届湖南省政协副主席，后来他的称呼中便多了一个"袁主席"。后来，领导几次推荐他当全国政协副主席，他都婉拒了。党和国家特别尊重他，党的十七、十八、十九大召开时，他都被请到了主席台上就座。

　　他从1964年开始在湖南（黔阳）安江农校研究杂交水稻起，任用的就是一群有志向的师生，个个"人不出众，貌不惊人"，没有学历，没有资历，长年工作在田间、实验室，不图名、不图利。

　　1984年，国家对袁隆平委以重任，要他挂帅成立湖南杂交水稻研究中心。这是中国也是全世界第一个专门研究杂交水稻的机构。组建科研和管理团队时，人员来自不同的地方，虽说不是全国各地，但起码是湖南全省各地。

　　按照每个人原来的特长，他组成了一个后来被传为"八大金刚"的科研骨干团队，这些人都是他麾下的领军人物——室主任，负责品种资源、籼稻育种、粳稻育种、繁殖制种、栽培技术、生物技术、开发推广、品比区试等八个主要方面。

　　其实，这些室主任如果放到全国跟同领域其他专家相比，没有几个是"全国一流"的。袁隆平不唯资历学历，只看能力，从而选定了这些室主任、课题负责人。事实证明，经过几年的拼搏锻炼，他们大多成了本领域的权威或领军人物。

　　没多久，由中专老师成为农大教授的袁隆平可以带研究生了。报考他硕士研究生的人很多，可是他最后选定的几位都是只有中等学历，有实践经验和动手能力，他认定有发展前途的人。

　　他的这几位研究生先后都成为国内外杂交水稻研发的骨干力量。他们中

稻济天下
袁隆平鲜为人知的故事

有好几位到美国拿到博士学位,在美国或其他国家工作了一段时间后回到了国内,继续为祖国作贡献。例如肖金华博士,在美国康奈尔大学时,在世界顶尖学术刊物《自然》上发表了关于杂交水稻的论文。现在,他又回到了祖国,在华智生物技术有限公司作为首席科学家,从事水稻分子育种等工作。

袁隆平用人一直是开放式的。在他手下,人员流动非常自由。为了保持队伍的战斗力,他"情感爱旧部,用才选新人",从不感情用事。原来在安江农校跟随他的助手,他只带了几个到长沙。后来湖南杂优中心的好几位骨干先后离开了,他都没有强留他们,后来还一直与之保持合作关系。

他自己培养的研究生毕业后,他也不硬性留在身边,而是让他们充分发挥个人才能。要出国留学的,他推荐,还帮助他们解决带家属的问题。袁隆平放飞他们,就是要让他们展示更大的才华。这就是伯乐精神!

袁隆平写了不少文章和专著,但是他更多的是"把论文写在大地上",尤其是在杂交水稻研发前期,他的实际成果远多于文章。为了给他申请院士,我跑了几趟北京,找了几位业内院士。他们都说袁隆平没有著作,少有论文,评劳模可以,申请院士不符合条件。回来向他汇报之后,袁隆平也没有为写论文而放弃田间奋斗。

他的助手和研究生发表的文章不少,但很难见到他的名字排在第一位的。很多时候恰恰相反,他的名字往往排在后面或没有署名。

除非要求他本人必须参加的学术活动或高级别会议,他都尽量让下属参加,包括出国。正因如此,他手下的"八大金刚"和其他助手们的知名度、研发能力都得到了很大的提高。

单位评先进之类,袁隆平总是将名额让给下属。他确实把这些看得很淡。

袁隆平的三个儿子都在从事杂交水稻研发,尤其是小儿子袁定阳博士,一直在他手下从事育种和生物技术研究,业内人士都知道。可是,袁隆平从来没有将他儿子放在很高的位置。袁定阳在湖南杂优中心生物技术实验室,也就是个副主任。

袁隆平的内侄一直在湖南杂交水稻研究中心从事杂交水稻育种工作。他的成果很多，在业内知名度很高，可一直到退休也没有被安排到"领导岗位"。

袁隆平在用人时，真正做到了"疑人不用，用人不疑"。所谓"疑人"，就是有时候要办一件事，我们决定不了由谁去做时会去请示袁隆平。如果事情无关紧要，他就说"我不管，你们安排好了"。如果事关重大，他一定会提出自己的意见。一旦是他认定放心的人，他就放手让他去做事。他还有一个特点，只看最终结果，从不对过程指指点点。我在他身边听的最多的是湖南口音的"小毛，你去搞咯"。领导放心，助手才能聚精会神地做事。

自从我被调到他手下，他一直信任我，第一年就让我当主任助理和办公室主任，第二年就让我做他的副主任，分管科研和外事。那时，他家属还在安江，他也常有病痛，就在安江写信或打电话给我，安排一些事情。我也主动、及时请示汇报，工作总算没有出问题。他的信任和放手锻炼了我，我这一辈子都心怀感恩。

外界以为袁隆平成果多，名气大，社会活动多，每天一定十分劳累，忙得不亦乐乎。其实他轻松愉快得很，他很会"劳逸结合"。做事的时候专心致志，该玩的时候彻底放松。

他兴趣广泛，拉小提琴、游泳、下象棋、打麻将、开汽车、骑摩托车、打气排球、跳踢踏舞等。他和员工们亲密地在一起打麻将、下象棋，起到了融洽关系、提振士气、了解情况的作用。有的具体问题，就在棋牌桌上不经意间得到了解决。

按行政级别，袁隆平是正厅级或副省级，技术上则是最高级别——资深院士。袁隆平的人才观与用人之道，可供其他农科院所的领导们借鉴学习。他轻轻松松当领导，安心实意搞科研，得到的成果大大的，培养的人才多多的。

当代伯乐，非他莫属！

袁隆平题字

人啊，就怕出名。袁隆平没有出名前，谁会找他题字呢？后来，他慢慢有了名气，找他题词、题字，想与他合影的人越来越多。有时候请他题词签名，还要预约和排队。

要得到或收藏书法家们的题字一般不容易，但是要得到袁隆平的字则容易一些。他为我题过字，我也收集了他的很多题词，但原件极少，绝大多数是复印、扫描或翻拍的。他题过多少字我说不清，估计他自己也没有统计。

袁先生题字主要用硬笔，如碳素笔、圆珠笔等。他很少用毛笔，他家里和办公室里没有"文房四宝"。他用硬笔题写的字还真自成一体。他题字的载体主要是白纸，以A4纸为主，在他的办公室随手可得，他如果认为写得不满意，另换一张就是。

袁隆平的题词在国内几乎无处不在。只要他到一个地方，就有很多人排队预约和他见面。见面之后，肯定是合影和题词。只要时间来得及，他都不拒绝。他在国外也有英文题词，书写很流畅，因为国外不兴题词，所以数量不多。

请袁先生题字，内容一般是求字者自拟，求字者大多是预先准备好了内容，袁先生一般也不作修改，除非内容不怎么样，需要纠正一下。

Development of Hybrid Rice in Brunei.

—— L. P. Yuan 袁隆平

July 12, 2011

2011年，袁隆平为文莱杂交水稻项目写的"文莱发展杂交水稻"。

2004年9月10日，在庆祝杂交水稻研究40周年活动时，袁隆平在湖南芷江抗战胜利纪念馆挥笔题写了"侵略者必败，世界和平万岁！"，这是他少有的立姿用毛笔题字，内容是他自拟的。

我收集的袁隆平的题字比较多，我初步对他的题字进行了分类，归纳起来可以分为以下五种类型：

第一类是公益类，如"发展杂交水稻，造福世界人民"，"侵略者必败，世界和平万岁！"等。袁隆平的"发展杂交水稻，造福世界人民"是 2003 年 3 月 25 日，为《隆平高科报》所题写。他还为《种子快讯》《农资快讯》等题字，为长沙隆平高科技园、长沙种业大厦、隆平水稻博物馆等题字。

第二类是标牌类，即为单位、企业、店铺题写名称。他作为"杂交水稻之父"，界内、业内的人都期望有他的题字，作为纪念或企业铭牌。在他的题字里，这一部分占大头。

当然，袁隆平题字最多的还是杂交水稻、种子行业的企业。国内许多种子企业特别是与杂交水稻有关的公司的标配就是：进门是一张公司老总与袁隆平的大幅合影照片，旁边是袁隆平为公司题写的公司名称或励志的话语。

第三类是商业类，倒不是说袁先生要做广告，而是别人要借助袁隆平的名气，以名人效应来推销产品。

这类题字其实起了很大的作用，尤其是在发展农村产业、促进扶贫工作方面。一些农村的土特产，经过袁隆平题字的宣传，销路都不错。

第四类是励志类，鼓励他人，特别是勉励小朋友好好学习之类。

第五类是情感类，袁隆平很重感情，凡是朋友、同事、助手、学生有什么喜事、生日之类，请他写几个字，他都非常乐意。

记得 2011 年 7 月 11 日下午，我去拜访他。在他办公室聊了一阵。他问我多少岁了，我说 64 岁了，他惊叹："啊，你也 60 多岁了！"他拿了张 A4 纸，写下：

祝：

八八六十四毛昌祥：精力更加充沛，事业更加辉煌。

九九八十一袁隆平　贺
二〇一一年七月十一日
于长沙

"人生就是一场戏"，一点不假。一个人从呱呱坠地，就开始了他人生大剧的演出。有的剧长，有的剧短；有悲剧，有喜剧；有言情剧，有肥皂剧。每个人在自己的剧里是主角，在其他人的剧里是配角，当观众的时候为多。

我作为袁隆平剧的主要观众，深受他的剧情感染。我有幸在他身边跑过一小段时间"龙套"，会慢慢把有关的"场记"写出来，让大家可以仔细回味这位"主角"的演出细节。"袁隆平的题字"也算一段"场记"吧。

最后，大幕总是要落下的。演出成功与否，要看观众多不多，喜不喜欢看，剧情动不动人，剧情对观众的影响大不大，对社会的贡献大不大，能被人们记住多久等。古今中外都是如此。

我认为，袁隆平先生的这场剧还在高潮迭起之中。他对我国和世界的粮食安全作出了很大的贡献，获得了"共和国勋章""世界粮食奖"等许多国内外大奖。在精神层面，他使我们民族的自强精神发扬光大。他的这些题词也是鼓舞人们精神的一种方式，对个人、对社会都有很大的正能量！

"世界粮食奖"

1988年初,湖南省政协会议推选袁隆平为湖南省政协副主席。1月29日上午,袁先生打来电话,要我到湖南宾馆与正在那里参加政协会议的他,一起到省政协副主席、全国杂交水稻顾问组组长陈洪新那里商量要事。到了才知悉,当时我们国家农业部打算为袁隆平申报"世界粮食奖"。

"世界粮食奖"是由"诺贝尔和平奖"得主、小麦专家、美国人诺曼·博洛格博士于1986年设立的,每年由总部设在美国爱荷华州得梅因市的"世界粮食奖"基金会评奖颁发一次,目的是奖励那些"为人类提供营养丰富、数量足够的粮食作出突出贡献的人",每年奖金是25万美元。

印度前农业部部长,后来曾任国际水稻研究所所长的斯瓦米纳森博士是第一个获得"世界粮食奖"的人。我们国家前农业部部长何康于1993年获得过此奖。印度裔世界知名水稻专家库西博士于1996年获得该奖。我认为,凭袁先生的贡献,他应该会很快地、名正言顺地得到这个奖项。

谁知十多年过去了都没有获奖消息。后来才知道,这种私募基金奖项不单独接受国家或政府（法人）推荐，一定要先由有名望的人（自然人）或 NGO（非政府机构）推荐，再由政府机构予以支持、确认。就连世界最权威的"诺贝尔奖"的候选人，也不是由法人，而是由自然人提名的。

直到 21 世纪，袁隆平的"世界粮食奖"申报才有了新的进展。那时，我正在国际水稻研究所做杂交水稻项目科学家。2000 年 11 月 16 日上午，袁隆平的博士研究生武小金从国内打电话给我，要我帮忙联系国际水稻研究所历任所长，看谁愿意帮忙推荐袁隆平申请"世界粮食奖"。

下午，我立即找了时任国际水稻研究所副所长的王韧博士和育种系的主任库西博士询问此事。王韧博士出面，找了当时的所长康泽尔（R.P.Cantrell）博士。他们达成一致，决定由康泽尔所长和库西博士分别提名袁隆平申报"世界粮食奖"。

11 月 17 日上午八点半，武小金又打来电话。我告诉他，国际水稻研究所现任所长和库西博士都答应提名袁隆平申报 2001 年"世界粮食奖"，要他们赶快将文件和推荐信寄（传真）到国际水稻研究所来，并要他们争取农业部的提名。因为当时袁隆平是由中国工程院提了名。

2000 年 12 月 7 日上午，王韧打电话给我，问袁隆平申报 2001 年"世界粮食奖"是要国际水稻研究所提名还是仅仅支持。我马上给袁隆平发了电子邮件，希望他们尽快回复国际水稻研究所。

得到的答复是，需要国际水稻研究所支持袁隆平申报该奖。于是，国际水稻研究所以所长康泽尔博士的名义写好支持信后，12 月 2 日上午，王韧将信发给我，要我作修改。我根据内容作了些修改后，又将信送回了王韧办公室。

2001 年 1 月 24 日，在国际水稻研究所的中国学者彭少兵博士打电话跟我说，2001 年度"世界粮食奖"获奖人已经敲定，是一位丹麦科学家。彭少兵博士是当时在国际水稻研究所里为数不多的几位高级科学家之一，他被国际水稻研究所聘用时还不到30岁，大家都称他少年博士。直到如今，他看上去还像是个少年郎。彭博士后来回到了国内，在华中农业大学任教。他是位学术上很有成就、对人很热心的学者。

2001年12月29日上午，袁先生从国内打电话给我，说2002年1月上中旬，他会派辛业芸、廖伏明到国际水稻研究所来，一是送申报2002年"世界粮食奖"的材料，二是到国际水稻研究所参观学习，要我好好接待他们。

在辛业芸、廖伏明到菲律宾前，王韧博士打电话给我，要我直接与麦金托什·邓肯博士联系，商议为袁隆平提名申报2002年"世界粮食奖"的事宜。下午5点前我与他通了电话。电话里，邓肯提到能否和其他人一起捆绑申报，我感觉到事情有些蹊跷，难怪王韧博士要我直接与这个人沟通。

我只能等辛业芸、廖伏明到达后再和他们一起商量。辛业芸、廖伏明是27日到的。28日早上，我开车去上班，先到餐厅和他们见了面，然后和他们一起到我办公室，安排他们这几天的活动。

2002年1月30日上午，王韧博士来电话告诉我，国际水稻研究所想要把费马尼博士与袁隆平"捆绑"在一起申报"世界粮食奖"，要我将辛业芸、廖伏明带到他办公室商议此事。

在王韧办公室，我直接打了电话与袁隆平联系。中午时分，辛业芸、廖伏明也与袁先生通过电话联系了。袁先生说，同意国际水稻研究所的安排。我就知道袁先生会这么表态的，他是个对名利不怎么关心的人。

晚上，辛业芸、廖伏明打电话给我，说他们说服袁老师改变了态度，不同意与费马尼一起共同申报"世界粮食奖"。我估计，国际水稻研究所所有的中国学者，都不会同意国际水稻研究所的这一要求。

2月26日，麦金托什·邓肯博士和我一起，在他的办公室对国际水稻研究所推荐袁隆平申报"世界粮食奖"的支持信内容作了修改。

2002年8月14日，我从国际水稻研究所通讯上看到，2002年的"世界粮食奖"被一位美籍古巴人获得。其中的原因不得而知。

2004年，袁隆平终于获得了"世界粮食奖"，尽管是与一位非洲学者分享这一奖项当年的奖金。但是，他还是以"杂交水稻之父"的名义，获得了这个对他而言是实至名归的世界级大奖。"世界粮食奖"也是至今为止袁隆平获得的最高国际奖项。

2019年4月，我到海南三亚出席第三届"中国（三亚）国际水稻论坛暨首届稻米博览会"。在4月11日的大会上，"世界粮食奖"基金会理事会主席作了关于"世界粮食奖"的报告，非常精彩。理事会主席在报告的最后，再次介绍"世界粮食奖"，这时屏幕上出现的是中文。他的报告获得了大家经久不息的掌声。

这掌声是给他的，也是给"世界粮食奖"的，更是给袁隆平的，是所有人对中国解决了粮食安全问题的赞赏。

"袁隆平农业科技奖"

到目前为止,袁隆平获得的国内外大奖已经不计其数了。可是很少有人知道以袁隆平的名义设立的奖项——"袁隆平农业科技奖"的情况。这个奖项以袁隆平院士捐资为主,加上筹募到的其他资金作为奖励基金。它是按照国际惯例,以私募基金的形式设立的一个奖项。袁隆平获得的许多国际大奖都是这种形式,如英国的"让克奖"、以色列的"沃尔夫奖"、菲律宾的"拉蒙·麦格赛赛奖",甚至美国的"世界粮食奖"等。

"袁隆平农业科技奖"从设立到现在,基本上每两年颁一次奖,截至2020年11月,已经颁奖11届,获奖者从国内扩展到国际,从杂交水稻领域扩展到宏观大农业,在国内外已经产生了一定的影响。随着我国国际地位的提升,"袁隆平农业科技奖"将会成为在世界上很有影响力的一个奖项。

我是这一奖项设立与发展的见证人,也有幸成为2020年第11届"袁隆平农业科技奖"的获奖者,感谢袁隆平先生对我的认可和褒奖。从这个奖项的设立和发展中,也可以看到袁隆平高瞻远瞩的全球视野。

1987年11月3日，袁隆平荣获联合国教科文组织颁发的1986—1987年度科学奖。为进一步发展杂交水稻事业，他回来后不久就决定将所得全部奖金捐献出来，成立"袁隆平杂交水稻奖励基金会"。当时到中国银行去存这笔钱还是我陪他一起去的，那时长沙只有一家中国银行，就在长沙火车站附近的五一路上。

1988年6月7日上午，我接到国家科委成果局束铭同志的电话，询问袁隆平是否已决定将获得的联合国教科文组织颁发的科学奖的奖金捐出来奖励他人。当天上午，我就起草了一份便函予以说明，并加盖了中心的公章发出。

1992年7月20日上午，由我向谢长江、尹华奇汇报"袁隆平杂交水稻奖励基金会"工作小组成立的情况以及打算第二年进行第一次颁奖的想法。

第二天上午10点到11点，我们专门开会落实"袁隆平奖励基金会"的管理条例，确定什么时候第一次颁奖。这个会，袁隆平也参加了。会议决定，张桥担任基金会秘书处工作人员，具体事情由她办理。考虑到1994年正好是杂交水稻研究30周年和杂优中心成立十周年，大家最后确定，在1994年"双庆"时进行首次颁奖，这样更有意义。

当时国内极少有人以个人名义设立基金，更没有看到有关奖励基金的报道。为了不出差错，中心让万宜珍借到北京出差的机会去了解情况。1992年8月10日晚上八点左右，我接到万宜珍从北京打来的电话，说她去国家科委、人事部、宋庆龄基金会、中国银行等单位问了，国家不主张个人设基金。对"袁隆平杂交水稻奖励基金"，袁隆平自行决定办理即可。

1994年3月9日下午，我和袁隆平的夫人邓则，还有张桥，一起到院里找了党委书记傅胜根和院长田际榕，汇报成立"袁隆平奖励基金会"的事，听取他们的意见。他们一致认为很有必要成立这个奖励基金会。提到会长人选时，他们说，等袁隆平从美国回来后再定。袁隆平那段时间到美国去签署两系法杂交水稻转让协议还没有回来。

　　1994年6月15日,"袁隆平奖励基金"举行了首次颁奖。后来,基金更名为"湖南省袁隆平农业科技奖励基金",是在原非公募基金的基础上,经中国人民银行湖南省分行批准,省民政厅注册,于1996年7月12日更名的。到2014年,基金共颁奖八次,有49人和13个单位获得了该奖项,其中大多数是为杂交水稻发展作出了贡献的人。

　　我从内心希望这个奖能走向世界,因为袁隆平不但属于中国,也属于世界。所以2001年5月,我和袁隆平在孟加拉国见面时,我建议2002年5月在越南河内召开的"第四届杂交水稻国际会议"上,用基金首次给国外的对杂交水稻有贡献的科学家颁奖,为的是把这个基金发展成具有世界影响力的农业科技奖项。他采纳了我的建议。

　　2001年12月29日上午,袁先生从国内打电话给在菲律宾国际水稻研究所的我,谈到最近奖励基金又要颁奖了,要拿25万元人民币奖励国内人员,无法兑现我们在孟加拉国见面时商议要给外国人颁奖的事。当时我确实有些失望。但当他在电话的另一头告诉我,香港中文大学已经授予他名誉博士学位的消息时,我才又高兴起来一点。

　　2016年3月20日,我在湖南杂优中心的网站上看到一则消息:2016年3月11日,"湖南省袁隆平农业科技奖励基金"第五届理事会第一次会议召开。新一届理事会包括理事长袁隆平,副理事长齐绍武,理事段美娟、罗闰良、甘泉,监事张桥。秘书长由段美娟担任。本届理事会任期五年,自2015年12月至2020年12月。齐绍武是新上任的杂优中心主任,他原来是湖南农业大学副校长。段美娟则从湖南省农科院院长助理一职升任湖南农业大学副校长。

　　我还是希望,新一届理事会能尽快把这个奖项发展成一个有影响力的国际奖项。我们都期盼在袁先生有生之年,能在中国的奖坛上,由袁先生亲手为外国对农业有贡献的人颁奖,那才能彰显中国人的骄傲啊!

"袁隆平农业科技奖"旨在奖励国内外在"农业科技、农业推广应用、农业管理和农业教育领域中成就突出,为科教兴农作出了重要贡献"的人员。第八届基金奖励了两位美国农业科学家。第十届基金奖励了一位日本农业科学家和一位印度农业科学家。当年袁隆平先生设立此奖项的目的之一,就是要让外国人也能领到中国人颁发的奖励,他的愿望实现了。

"袁隆平农业科技奖"的影响越来越大,章程也越来越规范,开始走向世界。希望在不久的将来,它能成为一个在国际上有影响的农业科技奖项。这不但是袁隆平院士的荣誉,也是中国农业科技事业的荣誉。

恩重如山

如果您的一位领导或老师，不但对您，还对您的至亲都有恩，都给予过关爱，这种恩不比泰山还重吗？袁隆平对我而言就是这样的恩师，一点都不是吹捧！

1988年5月22日，我祖父去世。袁老师在6月1日从安江写给我的信中表示哀悼和慰问，使我很感动。他在信中还反过来谢谢我的关心和帮助。

1990年7月16日，当时我正在国际水稻研究所攻读博士学位。离国际水稻研究所不远处发生强烈地震，屋子里什么都在摇晃，连冰箱都快倒了。我们全家马上从房子里跑出来，回头看到房子还在剧烈摇晃。地震的第二天，我就收到了袁老师发来的电报，慰问和询问我们的情况。

1991年2月19日，袁老师亲自发来电报，告诉我一个噩耗——我父亲去世了。他安慰我并要我马上回国。我22日早上从马尼拉出发，经香港、广州，历经整整一天时间，深夜到长沙，中心派车来接我。23日，我父亲的追悼会举行，中心派人参加。

敬仰恩师篇

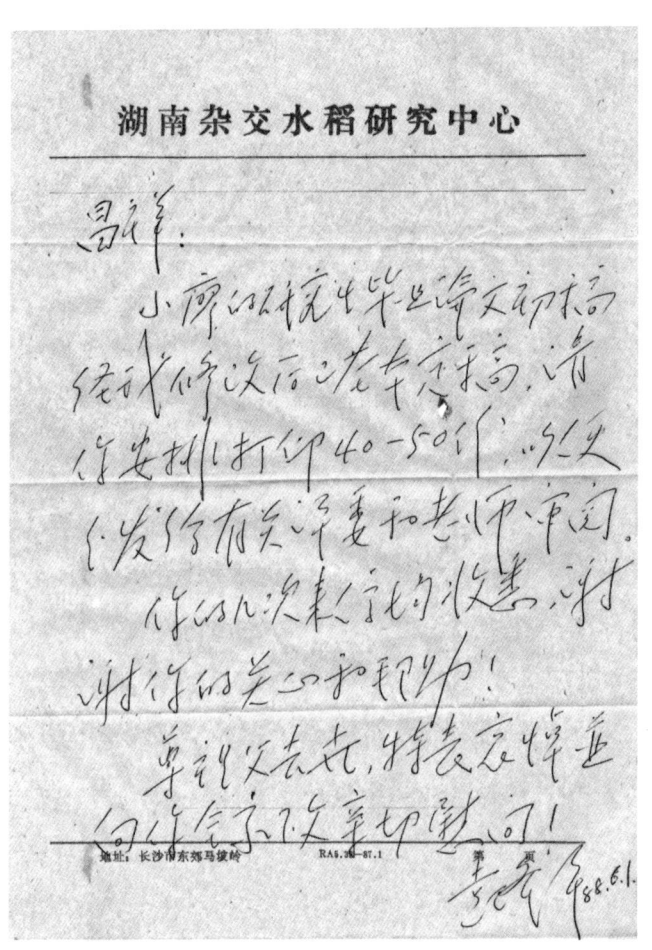

1988年6月1日,袁隆平写给我的信。在信的最后部分,他对我祖父去世表示哀悼和慰问。

1992年5月,我在国际水稻研究所获得博士学位后立即回国,回到袁老师身边工作。我离开时是主动辞去中心副主任一职的,回来之后没有多久,院里就正式任命我为中心副主任。

我母亲于2001年8月6日凌晨去世,当时我和老婆、孩子都在菲律宾国际水稻研究所,接到家人电报后,马上回国奔丧。8月8日上午十点半,母亲的追悼会在殡仪馆举行,湖南杂交水稻研究中心也送了花圈。那时我已经调离中心五年了,他们还如此关心我。

更令我感动万分的是,当时天下着大雨,袁老师带着马国辉、罗闰良、周承恕、谭志军、邓应德、王精敏等,还有两位司机,来参加我母亲的追悼会。我泪流满面,感激万分,什么话都讲不出,只能向他们频频鞠躬致谢。袁老师他们还送了奠仪。

159

由于遭人诬陷，1995年5月15日，我被关进了长沙市第二看守所。5月18日，袁老师刚出差回来就立即到看守所来看我。换作别的领导，可能不会亲自去牢房看望一个下属。何况那个时候，我正处在被人"泼脏水"的风头上。别人避之唯恐不及，他却找上门来。见到他，我觉得太委屈了，放声大哭了一场。

后来我调到广西南宁，至今已有25年了，这四分之一个世纪，我们还一直保持着密切联系。我只要到了长沙，就要去看望袁老师和邓老师。他们到了南宁，我们也总要见见面。我和邓则老师一直保持着微信联系，有什么事情都能很快沟通。我可以随时了解恩师的情况并致以问候。袁老师教诲我懂得感恩，与人为善，他为我们做出了很好的榜样。

敬仰恩师篇 ○●○

中外院士访问广西

2001年6月19日晚上，我和万宜珍陪同袁隆平和库西博士，从长沙飞往广西南宁。

飞机起飞一段时间后，驾驶员来到客舱，一眼认出了袁隆平。他非常激动，与袁先生打招呼。袁先生提出想去驾驶舱看一眼，驾驶员欣然同意，并扶着袁先生进了驾驶舱。过了没多久他就满面笑容出来了，说这是他人生中第一次进飞机驾驶舱。

途中，袁先生讲述了他年轻时骑过20多部摩托车的事，还讲了他会开汽车的事，今天有幸看了飞机驾驶舱，今后如果有机会还要到海里看看潜水艇。谈笑之间，个把小时很快过去了，飞机准时到达南宁。

1952年，抗美援朝战争还没结束，为了扩充空军，部队派人到袁隆平就读的西南农学院，从800多名学生中选拔飞行员，最后只有八人合格，袁隆平是其中之一。他参加了空军预备班学习，还参加了八一建军节晚会。1953年，朝鲜战场形势有些缓和了，他们又都被退回学校继续学习。如果那次招飞成功,恐怕就没有后来的"杂交水稻"和"杂交水稻之父"的故事了。

6月20日上午,我们去广西农科院,由袁隆平和库西博士分别作学术报告。库西博士的学术报告由我当翻译。学术报告结束后,稍事休息,我们就到水稻试验田以及新建的、设备比较先进的科技示范园、种子种质资源库参观。

6月21日上午,袁隆平被安排在广西壮族自治区党委礼堂作报告,能容纳近千人的大礼堂座无虚席。许多人都是第一次见到袁隆平,能听他的报告,是一个难得的机会。

库西博士是对我国水稻科研作出了很大贡献的人。他2000年荣获了我国"国际科学技术合作奖",当年只有两名外籍科学家获此殊荣。

时间又过去20多年了,现在来看,当时能有两位世界顶尖水稻科学家一起到广西,是一件非常难得的事。他们一个是常规水稻育种泰斗,一个是杂交水稻之父;两人都是"世界粮食奖"获得者;两人都是美国科学院外籍院士。

在我的记忆里,我们三人聚首共有两次:

一次是在2004年,袁隆平去以色列参加"沃尔夫奖"颁奖仪式,我和库西博士则是应以色列一家种子公司邀请去参加杂交水稻合作协议签字仪式,袁隆平也是合作方之一。

库西博士获得我国"国际科学技术合作奖"证书

另一次是在 2018 年 9 月 12 日，库西博士夫妇再次到访中国，他们专程到长沙去看望袁隆平，时间很短暂，吃完中午饭，他们就要坐高铁去武汉华中农业大学访问。我那时正在长沙，得到消息，马上坐出租车到宾馆和他们见了面。几十年的老朋友相见，高兴之余还是依依不舍，希望我们还能再见面。

库西博士已经在美国加州定居，在加州大学戴维斯分校任教。他和袁隆平在水稻研究方面的合作，为世界作出了很大的贡献。这两位一个来自中国，一个来自印度，而这两个文明古国都是世界水稻强国，他们代表的是全球水稻科学家的最高水平。我能与他们认识，一起工作，也是一种缘分，所以我在 2019 年制作了一本纪念相册名为《今世缘》，记录袁隆平院士、库西博士与我的缘分。

稻济天下 / 袁隆平鲜为人知的故事

杂交水稻走向世界的历程

"杂交水稻之父"袁隆平虽然已是九十多岁高龄,但还在为他的两个梦想而努力奋斗:一个梦想是"禾下乘凉"——继续培育超高产杂交水稻;另一个梦想是"让杂交稻覆盖全球",也就是他提出的"发展杂交水稻,造福世界人民"。为了实现这两个梦想,他和千千万万的同行们一直在努力着。

20 世纪 20 到 60 年代,包括美国、日本、印度、中国在内的一些国家开始了杂交水稻的研究。由袁隆平带领的中国团队首先有了突破,他们于 1970 年找到和培育出了雄性不育水稻,使得杂交水稻即水稻的杂种优势利用成为可能。

1973 年,杂交水稻研究所需的三系,即不育系、保持系和恢复系配套成功。中国举全国之力通过大协作,在随后的三年内,使杂交水稻由多点小面积试种到 1976 年正式在全国推广开来。这件事很快引起了全世界的关注。

柬埔寨是第一个试种中国杂交水稻的国家

1976 年 8 月,中国政府应柬埔寨国家领导人的请求,决定由杂交水稻起

⊙ 2020年11月3日,袁隆平给笔者颁发了"袁隆平农业科技奖"。

⊙ 2009年9月11日,由我国商业部和湖南省政府共同举办的"中国杂交水稻技术对外合作部长级论坛"在长沙召开。

源地湖南组建中国国家农业专家组，援助柬埔寨推广杂交水稻。经过筹备，1977年4月1日，专家组到达北京，受到了国务院以及其他部门领导的接见。

到了柬埔寨后，他们按照国内推广杂交稻的模式，选了40亩地连片示范，层层培训。第一季就达到了亩产810斤，比当地亩产200多斤高几倍，当地农民连称"奇迹！奇迹！中国人了不起"。但是由于后来的战火影响，杂交水稻在柬埔寨的推广不得不中止了。

杂交水稻受到美国的青睐

1970年代后期，美国通过情报机构敏锐的嗅觉，判断中国的杂交水稻将会具有巨大的经济和政治前景。当时中国也正处在百废待兴，需要美国先进技术的时期。

1979年5月，美国西方石油公司下属的圆环种子公司总经理威尔其首次访华。当时的农牧渔业部将1.5公斤（三个组合）杂交水稻种子赠送给美国西方石油公司。美国试种了一季，产量比当地品种高出许多。1979年12月，威尔其再次到北京，与中国种子公司签署意向协议。1980年1月，他第三次来中国，签署正式合同，合同规定：中方将杂交水稻技术转让给美方，在美国制种。制出的种子在美国、巴西、埃及、西班牙等国销售。圆环种子公司每年从种子销售总收入中提取6%付给中方作为报酬，合同期20年。这件事后来引起国际社会的广泛关注。

根据技术转让合同的条款，中方需要派人到美国进行技术指导和培训。国家对此非常重视，也特别慎重，一定要袁隆平亲自出马。袁隆平挑选了两个助手，一个是湖南省农科院水稻研究所所长陈一吾，另一个是湖南慈利县具有丰富制种和栽培管理实践经验的杜慎余。1980年5月9日，三人乘飞机到达美国。在美国期间，他们受到了美国西方石油公司董事长哈默博士的高规格接待。美国当地报纸、杂志和电视台还同时报道了中国杂交水稻的成就和袁隆平一行来美国传授杂交水稻技术的消息。美国人民也由此得知中国将新技术转让给了美国。1980年5月12日,《人民日报》首次对这一事件作了报道,这是我国向国外转让的第一项农业科技成果。

经过试种,我国的杂交水稻在美国的增产效果十分明显。美国西方石油公司对中国杂交水稻愈加感兴趣,决定加强宣传力度,以期将来扩大全球市场。1981年7月,西方石油公司派人到中国拍摄了一部以杂交水稻为主题的纪录片,片名为《在中华人民共和国的花园里——中国杂交水稻的故事》。该片除了在美国放映外,1983年7月,还在日本播放,引起了轰动。日本出版的《神奇水稻的威胁》一书中称:"杂交水稻这一海外传奇给日本带来了风暴。"

1981年6月,我国杂交水稻技术又以同样的方式转让给了美国另一家跨国公司——卡捷尔种子公司。我国的杂交水稻很快通过这两家种子公司,传播到美国、墨西哥、巴西、阿根廷、意大利、西班牙、葡萄牙、澳大利亚、尼日利亚、埃及、日本、菲律宾、泰国、印度尼西亚等十多个国家。我国也派出一些专家到国外指导杂交水稻技术。

又一条走向世界的路径

中国杂交水稻的成功,当然也引起了全球水稻科技界的重视。作为全球水稻研究的权威机构,总部设在菲律宾的国际水稻研究所,对中国杂交水稻的成功感到非常振奋。该研究所也一直在从事杂交水稻的探索研究,遗憾的是,由于没有成功,这个项目于1972年下马了。

1979年4月,应国际水稻研究所邀请和中国政府派遣,袁隆平第一次到访国际水稻研究所,发表了他的研究报告《中国杂交水稻育种》,这是中国第一次在国际论坛上,将研究杂交水稻的成功经验公开报道给国际社会。这引起了听报告的各国科学家的极大关注,大家公认中国的杂交水稻研究和推广应用已经居于世界领先地位。

袁隆平在国际水稻研究所合作研究和讲学达30多次。1982年秋,袁隆平到国际水稻研究所参加一年一度的国际水稻学术大会,时任所长斯瓦米纳森博士庄重地引领袁隆平走上主席台,大屏幕上打出了袁隆平的头像,头像下方有一行醒目的英文字幕"Yuang Longping, the Father of Hybrid Rice"(袁隆平,杂交水稻之父)。斯瓦米纳森所长说:"今天,我十分荣幸地在这里介绍杰出的中国科学家袁隆平先生——杂交水稻之父,他是当之无愧的。他的成就不仅是中国的骄傲,也是世界的骄傲。他的成就给世界带来了福音。"会场里响起了热烈的掌声。第二天,菲律宾各大报纸头版头条刊登了以"杂交水稻之父"为标题的报道,还配发了照片。

国际培训继往开来

1979年秋,国际水稻研究所理事会的成员特意在晚稻收割前来到湖南,看到大面积丰收在望的杂交水稻后,当即提出要与中国共同举办杂交水稻技术国际培训班。在国际水稻研究所资助下,我国农业部和中国农科院委托湖南省农科院,先后于1980年秋季和1981年秋季,在长沙举办了两期杂交水稻国际培训班。来自菲律宾、印度、印度尼西亚、泰国、斯里兰卡、孟加拉国等十多个亚洲水稻主产国的20名学员参加了培训班。

这种在实地举办的国际培训班效果非常好,没过多久,印度、印度尼西亚、泰国等国的杂交水稻研究随即起步,并在短短的几年内取得了很大进展。随着综合国力的增强,中国国家层面和各省市也纷纷举办各种形式的杂交水稻国际培训班。国家层面的主办者有农业部、科技部、商务部,其中商务部举办的杂交水稻国际培训班是委托隆平高科培训学院组织实施的,直到2019年每年都要为发展中国家尤其是非洲国家举办培训班,所有费用都是中方提供。2020年,因为新冠肺炎疫情,培训班停办。国际水稻研究所于1980年代中期,举办了多次杂交水稻技术培训班,国内一些专家应邀去讲课,我也应邀去讲过多次。

一些国际组织如联合国粮农组织(FAO)、联合国开发计划署(UNDP)、亚洲发展银行（ADB）也在他们的杂交水稻或粮食发展计划项目里，组织了各类国际培训班。一些对杂交水稻发展积极性高的国家，也在国内举办杂交水稻培训班，邀请其他国家的专家讲课，组织学员到中国参观和进行繁殖制种等关键技术的实习。一些实力强大的跨国公司，如先锋、拜耳、先正达、卡捷尔等也从较早的时候就派人到中国来参观实习。

中国技术顾问的贡献

杂交水稻在中国取得成功之后，联合国有关机构开始重视杂交水稻在保障全球粮食安全、消除贫困等方面的潜在作用，纷纷投入经费设立项目，在一些国家和地区推广杂交水稻技术。从1990年代初，他们就开始在全球范围内，在一些水稻主产国（或地区）设立杂交水稻项目。有了项目和资金，还要有技术支撑。在开始阶段，只有中国能够提供技术支持。

印度是世界水稻种植面积最大的国家，但是由于单位面积产量低，印度的水稻总产量比种植面积第二的中国少许多。联合国把印度选为推广中国杂交水稻技术的第一个国家。中国同意派袁隆平亲自出马指导印度的杂交水稻技术。1990年11月，袁隆平作为联合国粮农组织顾问到印度进行为期两周的杂交水稻研究咨询。他在11月14日写信给我说："关于杂交水稻，印度有一个五年研究发展计划，预算经费高达430万美元，其中联合国提供300万美元……估计3～4年内杂交水稻可能在生产上推广应用。"

袁隆平带领我和另外一个助手，于1992年和1993年两次作为联合国粮农组织顾问，到印度指导杂交水稻技术，时间每次都是三个月左右。当时我国杂交水稻研发正处于一个新的战略发展期，即由三系杂交稻向两系杂交稻、由品种间向亚种间杂种优势利用转变，主帅袁隆平不能离开太久。这两次，他只在印度待了十多天，为印度制定了全面的研究方案之后就回国了。剩下的许多具体技术性指导、培训等，都是我和另外一名同事邓小林完成的。

在整个1990年代，我国派出多名专家作为联合国粮农组织、联合国开发计划署、世界银行、亚洲开发银行等国际机构的杂交水稻技术顾问到许多国家和地区指导杂交水稻研发工作。

并不是有了联合国粮农组织等国际组织的立项和经费,中国派了技术专家进行了指导,杂交水稻就一定能在某个国家取得成功。事实是,一个国家的政府重视,加强了组织管理,又具有较强的研发队伍,成功的概率就大,如印度、越南、印度尼西亚、孟加拉国。

初始技术资料的编写与传播

杂交水稻虽说是首先在中国取得成功,但是我们在技术规范、专利和知识产权保护等方面都是欠缺的。专家能把杂交水稻技术讲得头头是道,也可以在田间进行技术指导,但是相关的论文、理论著作等,他们却拿不出手,或是不成体系的。这些是杂交水稻走向世界必备的材料。1981年第二期杂交水稻国际培训班举办时,我们用的教材是临时编写的。

国际水稻研究所多次催促中方编写有关教材,答应由他们出版。袁隆平只好组织我们加班加点,先编写出中文版,再由中文翻译成英文。但是,我们坚持原始教材必须由中方出版。后来,我们编写完成了《杂交水稻简明教程》(中英对照),1985年9月由湖南科学技术出版社正式出版发行。该书是世界上第一本杂交水稻专著,这本12万字的专著图文并茂,通俗易懂。国内外后来出版发行的许多有关杂交水稻方面的技术教材,都吸收了这本教程的精髓。

袁隆平带领团队人员加紧编写杂交水稻的书籍,如1988年4月由湖南科学技术出版社出版的《杂交水稻育种栽培学》就是一本经典教材。后来,他又陆陆续续出版了《袁隆平论文集》《杂交水稻学》等大部头著作。

20世纪80~90年代,联合国粮农组织、国际水稻研究所也组织编写出版了一些关于杂交水稻的书,在全球发行。袁隆平主编的有 *Technology of Hybrid Rice Production*(《杂交水稻生产技术》)。这些初始的杂交水稻技术书籍，成了杂交水稻走向世界的主要载体。

国际会议

在杂交水稻走向世界的过程中，1986年在中国召开的"首届杂交水稻国际会议"起了很重要的作用，相当于"杂交水稻全球化的集结号"。

由于开了一个非常好的头，"杂交水稻国际会议"在首届大会上被确定为一个要连续召开的国际会议。国际水稻研究所本来就有一个"国际水稻大会"，也是全球连续性的，规模很大，门类齐全。但是从1986年起，就增加了一个单列且平行于原有国际会议的"杂交水稻国际学术研讨会。"至2018年，"杂交水稻国际学术研讨会"共召开了七届。这么多次学术研讨会的召开，使得杂交水稻在世界水稻研发中占据了非常重要和突出的地位。即使是从事常规水稻育种和其他研究的力量，也将很大一部分精力调整到了与杂交水稻有关的研究上来了。

除了这七次大型国际研讨会，多年来，在中国，在其他国家或地区，许多不同规模、不同侧重的杂交水稻方面的国际会议也陆续召开，也起到了宣传和提高杂交水稻技术的作用。现在，全球数以万计的农业科技人员参与到了杂交水稻研发领域，各种国际合作也进行得比较好。有了这样的基础，杂交水稻的可持续发展是没有问题的。

从1964年开始研究，1976年在中国成功大面积推广，再到1980年代初开始走向国外，杂交水稻技术方兴未艾，杂交水稻走向世界的脚步还在继续。保障粮食安全是一个长期挑战，杂交水稻品种（组合）的更新也是一个连续过程。在非洲和一部分拉美国家，杂交水稻推广才刚开始，但已显示出巨大市场需求和经济利益。这使得杂交水稻全球化成为一个永恒的主题。

袁隆平等老一辈科学家在杂交水稻走出国门、造福世界人民的历史使命中发挥了重要作用，也希望袁隆平事业的继承者们，能在今后作出更大的贡献。

后记

真的，朋友，谢谢您的耐心，看完了这部我70多岁才完成的处女作。

您如果以前读过介绍袁隆平的其他著作，也许会进行对比，打一个不太恰当的比方，您看到的是两朵同样美丽的鲜花。

一朵，它周边没有什么枝叶，作者只为突出这朵花，主观意愿是好的，直观效果也是非常好的；另一朵，它被衬托在繁茂的枝叶之中，看上去更加灿烂美丽，客观上更加突出了这朵花。

这本书就是第二朵花，是值得细看的，因为本书所讲述的都是有时间、地点、人物的故事，有确凿的证据来佐证。其中大多数故事是本人的亲身经历，是我每天一点一滴记录下来的，可以戏称为"高清故事"吧。

古人言"读书破万卷，下笔如有神"，没错。可是古人又言"巧妇难为无米之炊"，我能比较顺利地完成这本书，应该还是得益于平日积攒了点"米"吧。

但请记住，没有袁隆平先生敬业精神的鼓励，我是不会也写不出这些已经过去多年的事情的。

袁老师，我爱您，我敬佩您，才愿意写下这些陈年往事。只是为了让他人，让后人，在您平凡的故事中，汲取他们所需要的精神营养。

这就是我们民族的精神：承前启后，继往开来！

作 者

袁隆平生平大事记

◎ 1929 年 8 月 13 日（农历七月初九），袁隆平出生于北京。

◎ 1931 年—1936 年，袁隆平随父母居住在北京，天津，江西赣州、德安，湖北武汉等地。

◎ 1936 年—1942 年，袁隆平在湖北汉口、湖南澧县、重庆等地读小学。

◎ 1942 年—1949 年，袁隆平在重庆、汉口、南京等地读中学。

◎ 1949 年 9 月—1950 年 10 月，袁隆平就读于重庆相辉学院农学系。

◎ 1953 年—1956 年，袁隆平毕业于西南农学院（今西南大学）农学系，被分配到湖南黔阳安江农校教书，开始研究植物育种。

◎ 1961 年—1964 年，袁隆平发现自然杂交稻株，开始杂交水稻研究。因发现"天然雄性不育株"，"杂交水稻研究元年"定在 1964 年。

◎ 1964 年 2 月，袁隆平与曾经的学生邓则结婚，先后生下三个儿子，分别是袁定安、袁定江和袁定阳。
他的三个儿子现在都从事杂交水稻研发工作。

◎ 1965 年秋，袁隆平和他的助手们经过连续两年的盆栽试验发现，天然雄性不育株的人工杂交结实率可高达 80% 甚至 90% 以上。这说明它们的雌蕊是正常的，杂交出来的后代确实有的具有杂种优势。

稻济天下 / 袁隆平鲜为人知的故事

◎ 1966 年 2 月,袁隆平在中国科学院《科学通报》上发表论文《水稻的雄性不孕性》,引起国家科委有关领导的重视。

从此以后,他带着助手,常年辗转于湖南、云南、海南、广东和广西之间,追着太阳,耐着高温,加快杂交水稻育种繁殖的步伐。

◎ 1967 年 2 月,国家科委要求湖南省科委派人到安江农校了解情况。袁隆平起草了《安江农校水稻雄性不育系选育计划》,该计划被省科委列入省级科研项目,下拨科研经费 400 元,并成立了由袁隆平负责的科研小组。

◎ 1968 年 10 月,袁隆平带着两个助手——李必湖和尹华奇,到海南陵水开展研究试验。

◎ 1969 年冬,袁隆平带领助手到云南元江继续做水稻繁殖和育种研究。

◎ 1970 年 1 月 5 日凌晨,通海发生 7.8 级大地震,从睡梦中惊醒的袁隆平和助手们不顾个人安危,首先抢救的是试验用的种子和秧苗。

◎ 1970 年 6 月,湖南省革命委员会在常德召开第二次农业"学大寨"科技经验交流会。大会设有成果展,介绍水稻雄性不育试验项目的展板摆在了展区醒目的位置,旁边还摆有水稻雄性不育的禾苗。时任湖南省革命委员会主任的华国锋仔细看了杂交水稻研究展览,听取了袁隆平的汇报。

第二天会议正式开始时,华国锋将袁隆平请到主席台上,在他身边就座,并让袁隆平发言。会上,华国锋同志还给袁隆平研究小组颁发了奖状。

◎ 1970 年 7 月,湖南省农林局下文,将"水稻雄性不育研究"列为第一个年度科研计划重大研究课题(一直持续到 1990 年,每年列入年度科技计划,拨给科研经费)。

此后,杂交水稻研究成为湖南全省协作项目。

◎ 1970 年 11 月,袁隆平的两个助手李必湖和冯克珊在海南南红农场发现"野败",杂交水稻的研发取得了突破性进展。

◎ 1972年12月，第一次全国杂交水稻科研协作会议在湖南长沙召开。袁隆平作重点发言。

◎ 1973年10月，在江苏苏州召开的第二次全国杂交水稻科研协作会议上，袁隆平作了题为《利用"野败"选育"三系"的进展》的报告，正式宣布我国籼型杂交水稻"三系"（不育系、保持系、恢复系）配套成功。
这是全国大协作、各地育种家们共同努力的结果。

◎ 1973年—1975年，全国大协作，培育出了"南优2号""南优3号""南优6号"等杂交水稻品种（组合），在全国试种成功。

◎ 1974年10月，第三次全国杂交水稻科研协作会议在广西南宁召开。

◎ 1975年10月，第四次全国杂交水稻科研协作会议在湖南长沙召开，此次会议由袁隆平主持。

◎ 1976年，杂交水稻在全国全面推广，种植面积达13.87万公顷。
中国成为世界上首个大面积种植杂交水稻的国家。

◎ 1977年1月，袁隆平在《遗传与育种》1977年第1期上发表《杂交水稻制种和高产的关键技术》，详细介绍了杂交水稻制种技术和如何获得高的制种产量。这对杂交水稻开始在全国大面积制种而言是关键技术指南。

◎ 1977年3月，第五次全国杂交水稻科研协作会议又一次在湖南长沙召开，会议由袁隆平主持。这次会议是杂交水稻在全国研发成功的总结和向全国快速推广的号召。

◎ 1977年，袁隆平在《中国农业科学》上发表了《杂交水稻培育的实践和理论》一文章。

◎ 1978年，袁隆平当选为第五届全国人大代表；出席全国科学大会和湖南省科学大会并获奖；晋升为湖南省农科院研究员。

◎ 1979年4月,袁隆平应邀出席在国际水稻研究所召开的国际会议,作了题为《中国杂交水稻育种》的报告。

这是袁隆平第一次出国向全世界介绍中国的杂交水稻。

◎ 1979年12月,国家授予袁隆平"全国劳动模范"称号。

后来,他多次被评为"全国劳动模范"。

◎ 1980年,袁隆平和助手孙梅元一起选育出杂交水稻新组合"威优64"。

◎ 1980年5月,袁隆平带领陈一吾、杜慎余,第一次到美国指导杂交水稻技术。

这是中国第一次向美国转让先进的杂交水稻技术后派出的第一个专家组。袁隆平等指导美国进行杂交水稻制种取得了成功,杂交水稻后来一直在美国推广,还扩展到许多国家。

他们的到来引起了当地媒体和民众的极大兴趣。美方拍摄了题为《在中华人民共和国的花园里——中国杂交水稻的故事》的纪录片。

◎ 1980年9月,中国和国际水稻研究所联合发起的杂交水稻国际培训班在湖南省农科院举办,袁隆平主讲。第二年举办了第二期培训班。

这是首次在中国举办杂交水稻国际培训班。

◎ 1981年6月,以袁隆平为首的全国籼型杂交水稻科研协作组荣获我国第一个特等发明奖。袁隆平作为代表进京领奖。

◎ 1982年,在国际水稻研究所举行的国际水稻会议上,袁隆平被称为"杂交水稻之父",从此誉满天下。

◎ 1983年8月,再次应邀赴美国指导杂交水稻技术。

◎ 1984年6月15日,世界上第一个专门研究杂交水稻的研究所"湖南杂交水稻研究中心"在中国湖南长沙挂牌成立。袁隆平任中心主任。

◎ 1985年,油印版的《杂交水稻》杂志在湖南杂交水稻研究中心试刊,这是世界上第一本油印的杂交水稻学术刊物。

1986年2月，《杂交水稻》杂志正式出版发行。

◎ 1985年9月，由袁隆平主编的中英文对照《杂交水稻简明教程》（*A Concise Course in Hybrid Rice*）一书由湖南科技出版社出版。

这本教程成了中外杂交水稻培训的经典材料。

◎ 1986年4月，袁隆平应邀去意大利参加了"利用无融合生殖进行作物改良的潜力"国际学术讨论会，并作了主题发言，介绍了杂交水稻无融合生殖研究进展，引起与会各国科学家的极大兴趣。

◎ 1986年10月，经过一年多的筹备，世界首届"杂交水稻国际学术研讨会"在中国湖南长沙成功召开。

◎ 1987年4月，由国际水稻研究所组织编写、出版的英文版 *Hybrid Rice Newsletter*（《杂交水稻通讯》）在全球正式发行，旨在促进全球杂交水稻研发方面的信息交流。

◎ 1987年11月，袁隆平荣获联合国教科文组织颁发的1986—1987年度科学奖。这是袁隆平获得的第一个国际大奖。

袁隆平将所获1.5万美元奖金全部捐出，作为"袁隆平杂交水稻奖励基金"。

◎ 1988年3月，袁隆平与张德慈博士及国际水稻研究所著名育种家、美国人P.R.Jennings（杰宁斯）博士一起获得英国让克基金会"农学与营养"奖。

袁隆平第一次偕夫人邓则到国外领奖。他把2万英镑奖金连同利息捐给了"袁隆平杂交水稻奖励基金会"。

◎ 1988年4月，由袁隆平、陈洪新等著的《杂交水稻育种栽培学》一书由湖南科学技术出版社出版。1994年，该书获我国首届国家图书奖。

◎ 1990年11月，袁隆平应联合国粮农组织邀请，作为专家顾问，在印度进行了为期两周的考察、指导，为世界上最大水稻种植国印度制定了杂交水稻研发计划。

◎ 1992年9月15日，中共湖南省委、湖南省人民政府授予袁隆平"功勋科学家"称号。

◎ 1992年10月，袁隆平作为联合国粮农组织顾问组组长，到印度指导杂交水稻技术，重点是育种和制种。

◎ 1993年4月，袁隆平获美国菲因斯坦基金会"拯救世界饥饿（研究）荣誉奖"，10月，袁隆平偕夫人到美国布朗大学参加授奖仪式。

◎ 1994年2月，袁隆平与谢长江赴美国得克萨斯州休斯敦市，与美国水稻技术公司签署合作开发两系法杂交水稻的协议。

◎ 1994年6月15日，袁隆平参加纪念杂交水稻研究30周年、湖南杂交水稻研究中心成立10周年庆祝活动，与早年一起拼搏的其他专家们重逢。

◎ 1994年12月16日，时任国务院总理李鹏偕夫人到湖南杂交水稻研究中心视察工作。袁隆平面呈了申请建立"国家杂交水稻工程技术研究中心"的报告，当即获批，并得到1000万元总理基金支持。

◎ 1995年，由袁隆平和符习勤写的 Technology of Hybrid Rice Production（《杂交水稻生产技术》）一书由联合国粮农组织出版。这是袁隆平的专业著作首次被联合国出版发行。

◎ 1995年1月，袁隆平荣获首届"何梁何利基金科学与技术进步奖"，授奖仪式在北京举行。

◎ 1995年5月，袁隆平当选为中国工程院院士。

◎ 1995年10月，袁隆平获联合国粮农组织颁发的"粮食安全保障荣誉奖章"，赴加拿大受奖。

◎ 1995年12月，以湖南杂交水稻研究中心为依托的"国家杂交水稻工程技术研究中心"正式挂牌成立。

◎ 1996年5月，袁隆平获日本"日经亚洲奖"。

◎ 1996年7月12日，"袁隆平杂交水稻奖励基金会"更名为"湖南省袁隆平农业科技奖励基金会"。

◎ 1997年4月，"中国超级稻专家委员会"成立，并在辽宁沈阳召开"中国超级稻"项目评审会议。

◎ 1997年8月，袁隆平在墨西哥国际小麦、玉米改良中心召开的"作物杂种优势遗传与利用国际学术研讨会"上被授予国际农作物杂种优势利用"先驱科学家"称号。

◎ 1998年4月，袁隆平应邀作为联合国粮农组织顾问去缅甸指导杂交水稻技术。

◎ 1998年9月，袁隆平作为联合国粮农组织顾问赴埃及开罗参加第19届国际水稻委员会会议。

◎ 1998年11月，袁隆平获日本"越光国际水稻奖"。

◎ 1999年1月，美国《科学》杂志刊载介绍袁隆平超级杂交稻选育理论的文章。

◎ 1999年6月29日，以袁隆平名字命名的"袁隆平农业高科技股份有限公司"宣告成立。袁隆平任名誉董事长。

◎ 1999年10月4—8日，袁隆平应邀赴越南河内参加亚洲杂交水稻协作网会议。

◎ 1999年10月26日，中国科学院北京天文台施密特CCD小行星项目组将一颗小行星命名为"袁隆平星"，并授予袁隆平"小行星命名证书"。

◎ 1999年11月2日，袁隆平获得"杰出专业技术人才"金质奖章。

◎ 2000年，超级杂交稻"两优培九"等组合达到第一期育种目标（每公顷10.5吨）。

◎ 2001年2月，在国家科学技术奖励大会上，袁隆平和吴文俊获得首届"国家最高科学技术奖"。江泽民主席为其颁发奖励证书和奖金。

◎ 2001 年 5 月，袁隆平在孟加拉国首都达卡参加"亚洲杂交水稻开发与利用"项目第四次技术委员会会议。

◎ 2001 年 8 月，袁隆平荣获菲律宾拉蒙·麦格赛赛基金会的"拉蒙·麦格赛赛奖"。

◎ 2001 年 11 月，袁隆平率团赴委内瑞拉考察该国发展杂交水稻的可能性与前景。返回途中经香港，袁隆平接受了香港中文大学授予的荣誉博士学位。

◎ 2002 年 5 月，袁隆平赴越南河内参加第四届"杂交水稻国际学术研讨会"，获得了越南政府授予的"越南农业和农村发展"荣誉徽章。

◎ 2002 年 9 月 16 日，首届国际水稻大会在北京中国国际科技会展中心召开，袁隆平作主题发言。

◎ 2002 年 11 月，袁隆平主编的《杂交水稻学》一书由中国农业出版社出版发行。

◎ 2004 年 3 月，袁隆平获 2004 年度"世界粮食奖"。

◎ 2004 年 5 月，袁隆平获以色列沃尔夫基金会"沃尔夫奖"，并在以色列签署了杂交水稻技术合作协议。

◎ 2004 年 9 月，袁隆平获泰国"金镰刀"奖。

◎ 2005 年 11 月，袁隆平获亚太种子协会（APSA）"APSA 杰出研究成就奖"。

◎ 2006 年，袁隆平当选为美国科学院外籍院士。

◎ 2008 年 3 月，袁隆平在"世界因你而美丽——2007 年影响世界华人盛典"上，获得该年度"影响世界华人终身成就奖"。

◎ 2008 年 9 月 11—13 日，时隔 22 年，第五届"杂交水稻国际学术研讨会"再次在中国湖南长沙召开。袁隆平作了题为《中国超级杂交稻研究的最新进展》的主题报告。

◎ 2009 年 9 月 11 日，国家商务部和湖南省政府联合召开的"中国杂交水稻技术对外合作部长级论坛"在长沙举行,几十个国家的部长们参加会议。袁隆平发表主题演讲。

◎ 2010年3月,袁隆平荣获法国政府颁发的"法兰西共和国最高农业成就勋章"。

◎ 2010年9月,袁隆平主编的《袁隆平论文集》由科学出版社出版发行。本书收录了袁隆平从事杂交水稻研究40多年发表的论文、文章113篇。这是袁隆平研究论文的荟萃,具有很高的学术价值。

◎ 2011年,"后期功能性超级杂交稻育种技术及应用"获2011年度国家技术发明奖二等奖。

◎ 2013年,袁隆平领衔的"两系法杂交水稻技术研究与应用"获国家科技进步特等奖。

◎ 2014年,"超级稻高产栽培关键技术与区域化集成应用"获国家科技进步奖二等奖。

◎ 2015年,超级杂交水稻组合"Y两优900"达到第四期育种目标(每公顷15吨)。

◎ 2016年1月28日,袁隆平辞去湖南省政协副主席一职。

◎ 2016年4月17日,袁隆平到西南大学参加母校110周年校庆,捐款20万元。

◎ 2016年5月19日,"隆平水稻博物馆"在湖南长沙开馆,袁隆平参加开馆仪式。

◎ 2016年10月3日,袁隆平到香港参加"吕志和奖——世界文明奖"颁奖仪式。他被授予"持续发展奖"。

◎ 2017年6月22日,袁隆平参加杂交水稻国际培训班肯尼亚班、东帝汶班的开班仪式。

◎ 2017年10月18日,中国共产党第十九次全国代表大会召开,袁隆平被邀请在大会主席台就座。这是作为无党派人士的他继党的十七大、十八大后,第三次坐上大会主席台。

◎ 2017 年，袁隆平团队的超级杂交稻"超优千号"在河北邯郸创造了单季平均亩产 1149.02 公斤的水稻单产世界纪录。

◎ 2017 年，袁隆平领导的杂交水稻创新团队荣获 2017 年度"国家科学技术进步奖——创新团队奖"。

◎ 2018 年 9 月 8 日，袁隆平获得"未来科学大奖"的"生命科学奖"。

◎ 2018 年 12 月 18 日，党中央、国务院授予袁隆平"改革先锋"称号，颁授"改革先锋"奖章。

◎ 2019 年 9 月 17 日，袁隆平被授予"共和国勋章"。习近平总书记亲自给袁隆平等八人佩戴"共和国勋章"。

◎ 2019 年 10 月，第三代超级杂交水稻在湖南省衡南县验收，平均亩产 1046.3 公斤。

◎ 2020 年 6 月，袁隆平因为长期气喘，被送到北京 301 医院就诊，后回到长沙住进中南大学湘雅医学院附一医院。

◎ 2020 年 11 月 2 日，袁隆平团队在湖南省衡南县青竹村种植超级稻，双季稻亩产达到 1530.76 公斤，实现了"1500 公斤高产攻关目标"。

◎ 2020 年 11 月 13 日，第 11 届"袁隆平农业科技奖"颁奖仪式举行，袁隆平院士亲自给 22 位获奖者颁发了获奖证书。

◎ 2020 年 11 月 16 日，袁隆平获智利"麦哲伦海峡奖"。

◎ 2021 年 2 月 12 日，袁隆平三代同堂在海南三亚欢度春节。

◎ 2021 年 3 月 10 日，袁隆平在海南三亚不慎摔倒在厕所里，马上被送往当地 301 医院救治，后来很快转院到中南大学湘雅医学院附一医院治疗。

◎ 2021 年 5 月 21 日，袁隆平病危。

◎ 2021 年 5 月 22 日下午 1 点 7 分，袁隆平院士不幸逝世。